Jürgen Stausberg

Lkw-Tourenplanung und Fuhrpark-Digitalisierung mit Telematik

Lkw-Tourenplanung und Fuhrpark-Digitalisierung mit Telematik

Jürgen Stausberg

Wie man Cloud-Services nutzt, um Lkw-Fuhrparks im Werkverkehr zu optimieren und mithilfe der Digitalisierung von Prozessen die Kosten zu senken.

Bibliografische Information der Deutschen Nationalbibliothek:
Die Deutsche Nationalbibliothek verzeichnet diese
Publikation in der Deutschen Nationalbibliografie;
detaillierte bibliografische Daten sind im Internet
über http://dnb.dnb.de abrufbar.

Verlag:
BoD • Books on Demand GmbH, In de Tarpen 42, 22848
Norderstedt
Druck: Libri Plureos GmbH, Friedensallee 273, 22763
Hamburg

ISBN: 978-3-7597-7807-9

Inhaltsverzeichnis

2024

Wie man Cloud-Services nutzt, um Lkw-Fuhrparks im Werkverkehr zu optimieren und mithilfe der Digitalisierung von Prozessen die Kosten senkt.

Jürgen Stausberg

WARUM DIESES BUCH?

Unternehmen mit einem Fuhrpark, z.B. aus den Branchen Brauerei, Bäckerei, Mühle, Baulogistik, Baustoffhandel, Recycling, Getränkefachgroßhandel, Frischdienst, Sanitärgroßhandel, Textilservice, stellen sich in vielen Fällen die Frage, wo im Fuhrpark noch Kosten eingespart werden können und/oder wo die Leistung gesteigert werden kann.

Dieses Buch beschreibt einen Weg, um Kostensenkungspotenziale im Fuhrpark aufzuspüren.

Lkw-Tourenplanung mit Telematik sind die wesentlichen Elemente, um Effizienzsteigerungen im Fuhrpark zu erzielen.

Unternehmen, die regelmäßig Kunden beliefern, haben häufig feste Touren. Gerade in Zeiten schwankender Liefermengen aufgrund von Konjunktur, Pandemie, Witterung etc. führen feste Touren zwangsläufig zu Leerfahrten der Lkw. Die Fahrer kennen oft nur ihre Tour und mit weniger Ladung steigen bei gleicher Kilometerleistung die Kosten pro Transporteinheit.

In diesem Buch geht es darum, dieser Entwicklung entgegenzuwirken. Es wird gezeigt, wie mit modernen Methoden der Digitalisierung ein Fuhrpark effizienter gesteuert und Kosten gesenkt werden können.

Die Tourenoptimierung mit Telematik hilft, im eigenen Unternehmen Ansatzpunkte für Verbesserungen im Fuhrpark zu finden und Schwachstellen zu beseitigen. Es werden moderne Systeme und Dienstleistungslösungen aus dem Bereich der Telematik vorgestellt, die dabei helfen können.

Das Buch richtet sich an Fuhrparkmanager unterschiedlicher Branchen. Nicht alle aufgezeigten Ansatzpunkte sind für jede Branche relevant. Der Getränkefachgroßhandel wird andere Schwerpunkte setzen als z.B. der Baustoffgroßhandel. Telematik bietet je nach Branche unterschiedliche Komponenten.

Tourenplanung

Fragt man bei Wikipedia nach der Definition von Tourenplanung, erhält man folgende Antwort: Die Tourenplanung ist ein Planungsprozess, bei dem (Transport-)Aufträge zu Touren zusammengefasst und in eine Reihenfolge gebracht werden. Eine Tour wird in der Regel von einer Person oder einem Fahrzeug durchgeführt. Dieser Planungsprozess ist überall dort von Bedeutung, wo eine große Anzahl von Aufträgen und Touren geplant werden muss. Beispiele sind die Belieferung von Filialen eines Einzelhändlers, die Abholung von Post, die Müllabfuhr, die Personenbeförderung und der Einsatz von Servicepersonal.

Ziel der Tourenplanung ist z.B. die Minimierung der Anzahl der eingesetzten Fahrzeuge, der zurückgelegten Strecke, der Einsatzzeit, des CO_2-Ausstoßes oder einer komplexeren Kostenfunktion. Beim Standardproblem der Tourenplanung liegen alle Start- und Zielpunkte in einem Depot, in dem im Regelfall eine begrenzte Anzahl identischer Fahrzeuge mit begrenzter Kapazität zur Verfügung steht. Andere Varianten berücksichtigen zusätzliche Restriktionen wie Zeitfenster, mehrere Depots oder beliebige Start- und Zielpunkte. (Wikipedia, Tourenplanung kein Datum)

Telematik

Schaut man bei Wikipedia nach, findet man als ersten Satz: Telematik (zusammengesetzt aus Telekommunikation und Informatik) ist eine Technik, die die Bereiche Telekommunikation und Informatik verbindet. (Wikipedia, Telematik kein Datum)

Telematik ist ein weit gefasster Begriff, der in diesem Buch im Zusammenhang mit Fahrzeug-Telematik verwendet wird.

Bezogen auf den Lkw bedeutet dies vereinfacht die Informatik, also die Verarbeitung von Daten rund um den Lkw und die Übertragung von Daten vom und zum Lkw. Das sind zum einen technische Daten vom Fahrzeug wie Drehzahl und Dieselverbrauch, zum anderen Positionsdaten und Standzeiten des Lkw oder auch Auftragsdaten mit Anbindung an die Navigation.

Die Anfänge reichen bis in die 80er Jahre zurück, als spezielle Bordcomputer die Radumdrehungen und damit die gefahrenen Kilometer und Standzeiten erfassten. Spezielle Datenkarten, ähnlich der heutigen Fahrerkarte - oder auch eine Kabelverbindung vom Lkw zu einer elektronischen Tankstelle - übertrugen die Daten zur Auswertung in die Zentrale.

Veraltet? Oder doch nicht? Denn an den Dateninhalten und deren Nutzung hat sich nicht viel geändert. Aber die Technik ist kleiner, einfacher, die Datenübertragung mit LTE, 4G, 5G, Satelliten etc. revolutioniert.

Auch die GPS-Ortung zur Lokalisierung und Identifizierung des Kundenstopps oder der aktuellen Fahrposition sowie der digitale Tacho mit seinen verschiedenen Anschlussmöglichkeiten sind hinzugekommen.

Solche Systeme sind heute oft in 30 bis 60 Minuten eingebaut oder können auch ohne Einbau direkt über den Zigarettenanzünder betrieben werden. Früher dauerte der Einbau 4 bis 8 Stunden.

Digitalisierung

Die Digitalisierung im Fuhrpark lässt sich am besten verstehen, wenn man alles, was bisher analog auf Papier festgehalten und dann oft kopiert wurde, als elektronische Version behandelt. Statt auf Papier wird der Lieferschein digital auf einem Tablet geführt. (Wikipedia, Digitalisierung kein Datum)

Sensoren

Ein Sensor ist ein technisches Bauteil, das bestimmte physikalische oder chemische Eigenschaften (physikalisch z. B. Wärmemenge, Temperatur, Feuchte, Druck, Schallfeldgrößen, Helligkeit, Beschleunigung) misst. Die Messwerte werden in weiter verarbeitbare elektronische Signale umgewandelt.

Für die Transportlogistik sind folgende Sensoren von besonderer Bedeutung: Erkennungssensoren, die heute häufig mit Bluetooth arbeiten und feststellen, ob sich ein Objekt, z. B. ein Anhänger, in der Umgebung des Lkw befindet. Temperatursensoren, die Kammertemperaturen auf der Ladefläche erfassen und weiterleiten und Füllstandssensoren, die insbesondere bei Abfallcontainern feststellen können, wann ein Container geleert werden muss. (Wikipedia, Sensor kein Datum)

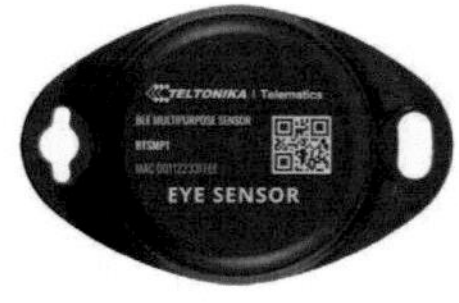

Abbildung 1   Beispiel eines Temperatursensors

Die Rahmenbedingungen haben sich geändert

Früher bestellten die Kunden zu einem festen Termin mit immer annähernd gleichen Mengen. Die Disposition wies den Kunden einen Liefertag, einen Standard-Lkw und einen Standard-Fahrer zu. Eine Lkw-Navigation gab es noch nicht. Der Standard-Fahrer wurde für die Tour eingewiesen. Nur er kannte die Lieferbedingungen des Kunden.

Heute sind die Kunden von stark schwankenden Kundengruppen betroffen, sei es im Restaurant wegen Pandemie oder Mehrwertsteuer oder in der Kantine, wo plötzlich viele Mitarbeiter im Homeoffice sind.

Feste Rahmentouren führen sofort zu einer starken Unterauslastung einzelner Lkw und damit zu stark steigenden Kosten pro Transporteinheit. Mit Cloud-Lösungen sind Tourenoptimierungen online möglich. Die dynamische Tourenplanung kann die Touren tagesaktuell optimal zusammenstellen und die Aufträge auf die Tablets im Fahrzeug übertragen.

Die Navigation führt auch Fahrer, die noch nie beim Kunden waren, zum Ziel und Fotos der Abladestelle zeigen ihnen im Auftrag, wie sie sich verhalten sollen.

Abbildung 2   Ansicht eines Ergebnisses der Tourenplanung

Hohe Bandbreiten ermöglichen die schnelle und kostengünstige Übertragung großer Datenmengen vom und zum Lkw. Während Ortungsdaten in der Regel nur wenige Kilobyte pro Sendeereignis umfassen, kommen bei Auftragsdaten, signierten PDF-Dokumenten oder Fotos schnell mehrere Megabyte zusammen.

Ist der Kunde nicht anwesend, wird mit moderner Technik ein Foto vom Zustellort gemacht. Ist er anwesend, quittiert er per Unterschrift auf dem Tablet und ein unsignierter Lieferschein wird per PDF an den Server geschickt. Wenige Minuten später ist der Lieferschein in der Disposition und die Abrechnung kann erfolgen. Umwege, um den Lieferschein in die Disposition zu bringen, entfallen. Überstunden in den späten Abendstunden für die Mitarbeiter der Fakturierung werden reduziert.

Moderne Lkw verfügen heute über eine standardisierte Schnittstelle, die wesentliche Daten für das Flottenmanagement und den Anschluss von Telematiksystemen liefert. Dies ist der FMS-Stecker, der je nach Lkw-Typ im Sicherungskasten oder hinter dem Tachometer eingebaut ist. Er stellt Dauerplus, Zündungsplus und Masse sowie CAN-high und CAN-low zur Verfügung. Über den CAN-Bus werden dann Daten wie Dieselverbrauch, Kilometerstände, Drehzahlen, Öffnungszustände, Achslasten und vieles mehr zur Verfügung gestellt.

Abbildung 3   Ansicht der LKW-Schnittstelle (FMS-Stecker)

Tachodaten können abgerufen werden

Über die FMS-Schnittstelle und den D8-Stecker am digitalen Tachografen können dann auch bei zentraler Registrierung der Unternehmerkarte die Massen- und Fahrerkartendaten in den gesetzlich vorgeschriebenen Intervallen an den Server gesendet werden. Die Schichten können ausgewertet und täglich die gefahrenen Kilometer, Lenk- und Standzeiten sowie Verstöße gegen die vorgeschriebenen Lenk- und Ruhezeiten dargestellt werden.

Leistungsfähigere Sensoren

Neue Technologien wie Speed of Light mit Narrow Band IOT und neue Bluetooth-Protokolle ermöglichen eine verbesserte Erfassung der Füllstände von Glascontainern (ermöglicht Tourenplanung nur zu vollen Containern) und die Übertragung auch in Umgebungen, in denen Sprachkommunikation über Mobilfunk nicht möglich ist.

Abbildung 4   Ansicht eines Füllstands-Senors für

Die deutsche Bundesregierung erwartet von ihren Unternehmen, dass sie ihre CO_2-Emissionen reduzieren und dies auch nachweisen. Diese Berichte müssen jährlich und vollständig vorgelegt werden. Unternehmen sollten sich jedoch nicht mit einer reinen Status-quo-Berichterstattung begnügen, sondern von Anfang an auf eine datenbasierte Nachhaltigkeitsstrategie setzen. Die Frage ist also: Wie kommt ein Unternehmen an all die Daten und wie viel Personal wird für die Erhebung und Aufbereitung benötigt?

Im Lkw kann man den Dieselverbrauch und die CO_2-Belastung der einzelnen Fahrten mithilfe von FMS-Auswertungen direkt aus dem CAN-Bus und den Optimierungsberechnungen ableiten.

Jede Branche hat ihre eigenen Fragen zur Digitalisierung. Allen gemeinsam ist die Ortung der Lkw. Der Fernabruf von Tachodaten (Remote-Download), die elektronische Erfassung der Arbeitszeit per Chipkarte.

Nachfolgend einige Beispiele für Branchenanforderungen:

Lebensmittel/ Frischdienst

Bei einem Food-Service ist besonders zu beachten, dass sowohl frische als auch tiefgekühlte Produkte gleichzeitig mit dem Lkw angeliefert werden. Dafür müssen verschiedene Kühlkammern zur Verfügung stehen, die Anliefertemperaturen liegen somit zwischen +5 und -21 Grad und müssen dokumentiert werden, oft direkt bei der Anlieferung per Bonausdruck oder auf einem elektronischen Lieferschein. Die Zielgruppe wie Restaurants und Kantinen ist anspruchsvoll und erfordert eine schnelle und flexible Reaktion auf Bestellungen, die oft noch in der Nacht eingehen, sodass am nächsten Morgen noch kommissioniert werden muss, was den gesamten Lieferplan verändern kann.

Die Fahrzeuge fahren in der Regel nur mit einem Fahrer, der für die Tour eingewiesen wurde, nur er kennt die Abladebedingungen beim Kunden, was einen flexiblen Einsatz der Fahrer behindert. Bei festen

Rahmentouren und schwankenden Liefermengen sind einzelne Touren nicht ausgelastet.

Der Außendienst hat in der Regel Zeitfenster vereinbart, die häufig nicht regelmäßig auf ihre Aktualität überprüft werden, sodass die Lkw-Fahrer häufig unter Zeitdruck stehen, um bestimmte zeitliche Liefergrenzen zu erreichen.

Die Waren werden in der Regel in Rollcontainern oder E1-Kisten angeliefert. Diese Transporteinheiten werden häufig getauscht und es muss nachverfolgt werden, welche Transporteinheiten sich beim Kunden befinden und zurückgegeben werden müssen. Dies erfordert ein umfassendes Leergutmanagement für Rollcontainer und E1-Kisten.

Bei den Mühlen gibt es eine Unterteilung in Fahrzeuge für palettierte Ware und den Silo-Fuhrpark, der das Mehl in Kammern anliefert, um verschiedene Mehlsorten und Kundenchargen zu transportieren und beim Kunden direkt ins Silo zu pumpen. Außerdem gibt es Sattelzüge, die unter anderem Getreide für die Mühle transportieren.

Die Herausforderung liegt in der richtigen Auslastung der einzelnen Kammern der Silofahrzeuge (verschiedene Mehlsorten zu verschiedenen Kunden) und in der Einhaltung der Zeitfenster der Industrie.

Besonders wichtig ist die Dokumentation der Entladebedingungen beim Kunden. Beim Umpumpen des Mehls vom Silofahrzeug in das Silo des Kunden muss ein Vollmelder aktiv sein, der meldet, wenn das Silo voll ist. Es muss dokumentiert werden, dass dieser Vollmelder auch tatsächlich aktiv ist, dass die Hygienevorschriften beim Kunden eingehalten wurden, um später bei Schädlingsbefall eine eindeutige Dokumentation der Anlieferung zu haben.

Großbäckerei

Die Auslieferung von Backwaren erfolgt häufig in E1-Behältern. Es muss mithilfe des Scannens nachvollziehbar sein, welche Charge angeliefert wurde. Die Dokumentation von Voll- und Leergut ist wichtig für das Leergutkonto. Bei Backwaren, die z.B. gekühlt oder tiefgekühlt angeliefert werden, ist die Temperaturüberwachung entscheidend. Bei der Anlieferung werden die Voll- und Leergutmengen durch den Temperaturstempel auf dem elektronischen Lieferschein dokumentiert.

Sanitärfachgroßhandel

In vielen Fällen liefert der Sanitärgroßhandel in den frühen Morgenstunden an die Installateure, wenn noch niemand die Ware entgegennehmen kann. In diesem Fall ist eine Dokumentation der Lieferung durch Fotos sehr hilfreich.

Da es immer wieder zu Ad-hoc-Touren kommt, muss dem Fahrer die richtige Reihenfolge der Anlieferungen zur Navigation auf dem Tablet angezeigt werden.

Die Ermittlung der Lieferkosten pro Installateur ist für die Kalkulation angebracht.

In der Baulogistik ändert sich im Laufe eines Tages sehr viel, d.h. Tourenänderungen müssen immer aktuell auf die Tablets übertragen werden und auch Nachrichten an die Fahrer sollten in einem geschlossenen System direkt auf das Tablet kommen. Die Baulogistik kalkuliert auf Basis von Stunden, Kilometerpauschalen, Tourenpauschalen und muss insbesondere das Thema Mautkosten als wichtigen Kostenfaktor im Auge behalten.

Eine Vorkalkulation der einzelnen Touren unter Berücksichtigung der Maut und eine Nachkalkulation auf Basis der gefahrenen Kilometer und Zeiten ist für die Branche unerlässlich.

Die Abrechnung erfolgt immer auf Basis eines vom Vorarbeiter unterschriebenen Lieferscheins, der vom Fahrer hinsichtlich Zeiten, Touren, Wartezeiten etc. ausgefüllt wird. Wartezeiten sind Bestandteil der Abrechnung und müssen daher vom Vorarbeiter unterschrieben werden. Die Übermittlung über das Mobilfunknetz ermöglicht eine sofortige Abrechnung noch während der Lkw unterwegs ist.

Im Getränkefachgroßhandel oder auch in der Brauerei ist die Vorbeladung der Lkw von großer Bedeutung. Der Lademeister muss genau wissen, in welcher Reihenfolge und auf welcher Seite der Ladefläche welcher Kunde zu platzieren ist.

Dazu muss der Fahrer bereits am Vortag der Tour die wichtigen Daten dokumentieren. In modernen Unternehmen geschieht dies auf dem Tablet im Fahrzeug. Die Stapler werden entsprechend angewiesen, die Ware an die richtige Ladestelle zu bringen, der Lademeister kann dokumentieren, ob er die Ladungssicherung angebracht hat.

Im Getränkefachgroßhandel ist das Thema Leergut besonders wichtig. Dazu gibt der Fahrer die Voll- und Leergutmengen auf dem Tablet ein bzw. bekommt die Vollgutmengen vom Server gemeldet und ändert diese bzw. gibt die Leergutmengen ein.

Im Getränkefachgroßhandel ist das Thema Tourenoptimierung sehr relevant. Da die Rahmentouren oft mit Zeitfenstern versehen sind, die sich immer wieder ändern, hilft die elektronische Tourenoptimierung, die Kilometer zu reduzieren.

Jeder Stopp beim Kunden wird neu kalkuliert und für Verhandlungen mit den Vertriebsorganisationen genutzt.

Recyclingbetriebe

Die Recyclingbetriebe arbeiten vielfach nach festen Routen, nach denen sie die Tonnen und Container leeren. Dabei ist es wichtig, dass der Fahrer weiß, welche Straßen er bereits abgefahren ist. Idealerweise geschieht dies elektronisch auf einem Tablet statt auf einem Stadtplan.

Die Tourenoptimierung kann verbessert werden, wenn die Füllstände von Großbehältern und Containern über Füllstandsensoren dem Server vorab bekannt sind.

Recyclingfahrzeuge fahren oft durch sehr enge Straßen, wo der Fahrer durch Seiten- und Rückfahrkameras einen besseren Überblick bekommt, idealerweise auch durch Videodokumentation im Schadensfall und damit Dokumentation für die Versicherung.

Textilservice

Die Belieferung von Hotels, Kliniken und Restaurants mit Frischwäsche in Rollcontainern erfordert die gleichzeitige Abholung der Schmutzwäsche.

Aufgrund des saisonal oder betrieblich stark schwankenden Wäscheaufkommens ist in vielen Fällen nicht bekannt, wie hoch der Anteil der Schmutzwäsche auf der Rücktour sein wird. Aus Vergangenheitswerten und Auslastungsplanungen der Betriebe muss daher für die Tourenoptimierung ein Planwert für die Rückholung hinterlegt werden. Moderne Systeme nutzen hier maschinelles Lernen und künstliche Intelligenz.

Wichtig ist die genaue Dokumentation der Anzahl der Rollcontainer mithilfe von Barcode- oder RFID-Systemen für den Ein- und Ausgang beim Kunden.

Fahrzeugtransport

Die Auslieferung von Neufahrzeugen vom Seehafen oder einer Produktionsstätte zu den Händlern oder der Transport von Pannenfahrzeugen zu Stützpunkten und Werkstätten stellt hohe Anforderungen an die Disposition und Dokumentation. Der Hol- und Bringmodus in der Tourenplanung zeigt der Disposition, welche Fahrzeuge für welche Strecken eingesetzt werden sollen. Das Tracking gibt der Disposition, aber vor allem auch dem Endkunden die Sicherheit, wann das Fahrzeug eintrifft (wenn unter Berücksichtigung der Abladezeiten und Fahrstrecken für alle Stopps die Ankunftszeit ermittelt wird). Wichtig ist die Fotodokumentation beim Be- und Entladen und die speziell für den Fahrzeugtransport konfigurierte Anwendersoftware auf dem Truck-Tablet.

Tankwagen haben in der Regel mehrere Kammern für unterschiedliche Kraftstoffarten. Dies erhöht die Komplexität der Disposition. Die Tourenoptimierung für Tankwagen muss daher Produkte und Kammergrößen berücksichtigen und so täglich dynamisch neue Touren aus den tagesaktuellen Aufträgen und Mengen generieren. Wichtig ist, dass der Fahrer auf seinem Tablet Fotos der Abladesituation und Navigationshinweise hat, unabhängig davon, ob er vorher beim Kunden war oder nicht. Oft ist es wichtig, zu wissen, wann genau die Tanks befüllt wurden. Die Domdeckel können mit speziell ATEX-zertifizierten Bluetooth-Sensoren überwacht werden, die dann die Öffnungs- und Schließvorgänge an die Telematik-Box und über diese an den Server senden.

Im Zusammenhang mit Telematik- und Digitalisierungsprozessen gibt es eine Vielzahl von Anekdoten zu berichten. Nachfolgend sind nur einige typische aufgeführt, die in die Ansatzpunkte zur Effizienzsteigerung einführen sollen.

Zeitfenster nicht aktualisiert

Rügen, morgendliche Anlieferung, den Lkw orten und feststellen, dass er im Zickzack fährt, aber warum?

Der Fahrer: „Ich fahre im Kreis, weil der zweite Kunde auf der Tour die Ware erst um 11:00 Uhr bekommt". Die Überprüfung der Kundendatei ergibt: Das Lieferzeitfenster lag zwischen 11:00 und 12:00 Uhr, eingetragen vom Außendienst vor vielen Jahren (der Außendienstmitarbeiter ist schon lange nicht mehr im Unternehmen).

Rückfrage bei der Kundin - warum dieses Zeitfenster? „Ach, das war damals, da bin ich immer mit meinem Hund Pfiffi Gassi gegangen, den gibt es aber schon lange nicht mehr, Sie können gerne früher kommen!" Ergebnis: Kilometer, CO_2-Ausstoß, Mautkosten und Dieselkosten konnten reduziert werden.

Abbildung 5 Typische Ausliefersituation in der Gastronomie mit unterschiedlichen Gebinden

Irrfahrten aufgeklärt

Im Lkw ist die Fahrzeugortung aktiviert, das Fahrzeug befindet sich auf der Karte in der Disposition an einer Position weit außerhalb des Zustellgebietes.

Die Disposition fragt beim Telematik-Support nach, ob das System gestört ist, was nicht der Fall ist. Der Fahrer ist telefonisch nicht erreichbar.

Die Polizei fährt mithilfe der GPS-Positionen aus der Telematik zum Zielort. Der Fahrer ist völlig verwirrt, aber noch gesund, seine Orientierungslosigkeit ist auf die vielen Baustellen und Umwege und die Nichtbenutzung der Navigation zurückzuführen. Erst durch die Online-Verfolgung konnte der Lkw gefunden werden.

Ungerechtigkeit beim Lohn

Der Fahrer kommt zu seinem Chef und beschwert sich über die Ungerechtigkeit im Fuhrpark. Der Chef ist erstaunt. Der Fahrer antwortet, dass er jeden Tag maximale Produktivität zeigt und viele Touren fährt.

Andere Fahrer fahren nach 15 Uhr zur Tankstelle, treffen sich dort mit anderen und kommen dann pünktlich zum Arbeitsende um 16 Uhr auf den Hof zurück, ohne weitere Touren gefahren zu haben - bei gleicher Bezahlung.

Entlastung für den Fahrer

Die Polizei stellt einen Strafzettel für einen Lkw aus, der angeblich zu einer bestimmten Zeit in eine Einbahnstraße eingefahren ist. Das Tracking aus der Telematik zeigt eindeutig, dass sich der Lkw zu diesem Zeitpunkt an einem anderen Ort befand. Die an die Polizei übermittelte Dokumentation führt zur Entlastung des Fahrers und zur Vermeidung von Punkten und Bußgeld.

Zu Beginn eines Telematikprojektes sollten die Ortungs-computer von der Werkstatt ordnungsgemäß an Dauer-plus, Zündungsplus und Masse im Sicherungskasten an-geschlossen werden.

Die Fuhrparkleitung hatte die Geräte jedoch bereits ohne Anschluss an der Windschutzscheibe montiert und den Fahrern mitgeteilt, dass zukünftig eine Ortung der Lkw erfolgen würde. Merkwürdigerweise kamen nach dieser Ankündigung alle Fahrzeuge am nächsten Tag ca. eine Stunde früher nach Hause, ohne dass die Lkw geortet waren.

Wartezeit missbraucht

Ein Fahrer, der im Stundenlohn arbeitet, befindet sich bei einem Kunden in Warteposition, vor ihm stehen zwei andere Lkw, hinter ihm drei Lkw.

Wenn er an der Reihe ist, winkt er die Fahrzeuge hinter sich durch, da er während des Wartens im Stundenlohn bezahlt wird und so seinen Lohn maximieren kann.

Umwege in den Stau

An einem Autobahnkreuz ist am Freitagnachmittag immer Stau, der Lkw kann über die Bundesstraße oder über das Autobahnkreuz zurück zur Firma fahren.

Der Fahrer fährt regelmäßig in den Stau, um im Stau Zeitung zu lesen und die abzurechnenden Stunden zu erhöhen.

Vertriebsumsatz mit steigenden Logistikkosten

Der Vertrieb weitet aufgrund seiner Umsatzprovisionen das Liefergebiet immer weiter aus, die Lkw müssen immer weitere Strecken zur Auslieferung zurücklegen.

Niemand im Unternehmen bemerkt, dass die Fuhrparkkosten steigen, die Kosten pro Transporteinheit steigen ebenfalls.

Erst durch die Visualisierung der Lieferdistanzen pro Kunde und der Standzeiten beim Kunden über die Kundenergebnisrechnung wird die Unwirtschaftlichkeit der Bedienung weit entfernter Kunden deutlich.

Der Unternehmer fragt sich, warum das Verhältnis zwischen Kosten und Rohertrag bei einigen Kunden besonders schlecht ist. Die Kosten-Einfluss-Analyse zeigt, dass die Standzeiten bei den Kunden zu lang sind. Es wurde die Erfahrung gemacht, dass der Fahrer abends spät in die Disposition kommt.

Auf die Frage: "Warum so spät?" kam die Antwort: "Ich habe beim Kunden Meier noch die Regale eingeräumt." Dieser Einräumdienst war weder in der Kostenkalkulation noch in der Kundenvereinbarung enthalten.

Massendaten im Regen abgeholt

O-Ton eines Fuhrparkleiters: "Jetzt muss ich wieder bei Regen und Schnee raus, um die Massendaten aus den Tachographen der Fahrzeuge auszulesen". Eine ungeliebte und zeitraubende Tätigkeit. Die Daten der Fahrerkarten werden zwar archiviert, aber nur in den seltensten Fällen wirklich kontrolliert.

Die Fahrer werden zwar automatisch informiert, aber der Wert der Daten für das Controlling wird in der Regel nicht genutzt. Dass der Tacho-Remote-Download automatisiert werden kann und damit kostengünstiger ist als die manuelle Archivierung, wurde bisher nicht in Betracht gezogen.

"Unsere Fahrer sind wie die Zeugen Jehovas", sagte ein Betriebsrat. Seine Fahrer haben viele zusätzliche Stopps, um an fremden Haustüren zu klingeln und die genaue Abladestelle zu suchen, weil sie das Neubaugebiet nicht kennen. (Baustoffhandel).

Wären die Zustelladressen vor der Zustellung auf einer Karte sichtbar, könnte der Fuhrparkleiter im Falle von Gewerbegebieten oder Neubaugebieten den richtigen Zustellort manuell ermitteln und diese Positionsdaten in die Fahrzeugnavigation übertragen. Gerade in Neubaugebieten ist das Kartenmaterial der Navigationssysteme oft nicht aktuell.

Kennt das Navigationssystem jedoch die Zielkoordinaten, kommt der Fahrer in jedem Fall ohne teure Suchzeiten direkt zur Baustelle oder auch in das Neubaugebiet.

„Auslieferungsfahrer gesucht!" Solche Schilder kleben heute an Windschutzscheiben und Heckklappen vieler Transportfahrzeuge und dokumentieren vielfach die hohe Fluktuation der Fahrer und die Notwendigkeit, diese stärker als bisher an das Unternehmen zu binden und Kriterien zu entwickeln, wie die Fahrer stärker als bisher motiviert werden können.

Damit sind wir beim Kernthema im Bereich des Fuhrparks, der Fahrermotivation! Die Fahrer sind oft auf sich allein gestellt, haben wenig Kommunikation mit dem Chef, bekommen viele Anrufe am Tag von den „Theoretikern" in der Disposition, stehen ständig unter Zeitdruck und im schlimmsten Fall kommt es plötzlich zu einem Blackout, der Lkw kollidiert mit anderen Verkehrsteilnehmern und der Fahrer landet im Krankenhaus.

Wie können solche Situationen vermieden werden? Wie kann die Wertschätzung für einen der wichtigsten, aber am Ende der Wertschöpfungskette stehenden und so wenig beachteten Mitarbeiter im Unternehmen gesteigert werden?

Der Fahrer erhält eine Einweisung in den Lkw, wird als Beifahrer auf der Tour geschult und dann oft allein gelassen. Der Mitarbeiter in der Produktion sieht am Abend ziemlich genau, was er geleistet hat und bekommt zum Teil auf großen Anzeigetafeln mitgeteilt, wie viele Tonnen mit welcher Ausschussquote heute produziert wurden. Der Mitarbeiter im Fahrdienst bekommt nur selten eine Rückmeldung, vielleicht noch telefonisch, wenn der Kunde anruft, wo die Ware bleibt und die Disposition nachfragen muss.

Vor einer positiven oder negativen Rückmeldung an die Fahrer steht die Messung und das gemeinsame Erarbeiten von Zielwerten. Damit sind wir bei zwei wesentlichen Begriffen, die die Basis für eine erfolgreiche Fahrermotivation bilden: Messen und Zielwerte.

Abbildung 6   Fahrermotivation im Mittelpunkt

1891 sagte der britische Wissenschaftler William Thomson, auch bekannt als Lord Kelvin: „Wenn Sie messen können, worüber Sie reden, und es dann in Zahlen ausdrücken, dann wissen Sie etwas darüber. Andernfalls ist Ihr Wissen sehr dürftig und unbefriedigend … erst wenn sich Ihr Wissen auf Messungen und Zahlen stützt, können Sie sich davon befreien, aus dem Bauch heraus zu entscheiden, zu raten oder nur marginale Verbesserungen zu erreichen." (Thomson 1891)

Die Aussage ist heute noch zutreffend und wurde viel zitiert wie beispielsweise im European Journal of Epidemiology. (Trolle Lagerros 2009). Ähnliches findet man auch beim Management-Guru Peter Drucker: "Was man nicht messen kann, kann man auch nicht managen." (Drucker 1954)

Beispiele für verlässliche Messwerte im Fuhrpark:

- Ladezeiten auf dem Hof
- Abfahrtzeiten vom Hof
- Auslastung des Fahrzeugs auf der Tour
- Kilometer der Tour
- Standzeit bei den Kunden
- Standzeiten zur Einhaltung der gesetzlichen Pausen
- Erreichen der Zeitfenster des Kunden
- Einhaltung der Temperaturgrenzwerte
- Erkennen unbefugten Öffnens und Schließens von Entladeklappen/-türen
- Einhaltung der Sollwerte für den Reifendruck
- Anzahl Kleinschäden
- Sauberkeit des Fahrzeugs
- Anzahl von Verbesserungsvorschlägen

Zielwerte

Kommen wir zum wichtigsten Punkt bei der Betrachtung des Fuhrparks: den Zielwerten.

Fragt man Fuhrparkleiter, wie hoch die Lieferkosten pro Kunde und Tonne in einer bestimmten Lieferregion maximal sein dürfen, bekommt man oft ein Schulterzucken und den Hinweis: Wichtig ist, was unter dem

Strich bleibt. Nur: Unter dem Strich könnte es in vielen Fällen mehr sein.

Die Ursache liegt in der mangelnden Ausbildung und Kenntnis, wie sich gerade im Verteilerverkehr bei vielen Kundenbelieferungen auf einer Tour die Kosten einer einzelnen Kundenbelieferung zusammensetzen und wie hoch die Zielkosten pro Transporteinheit sein dürfen.

Interessante Ergebnisse werden im Buch: Das Problem der Realisierung leistungsbezogenen Verhaltens des Fahrpersonals im werkseigenen Fuhrpark aufgezeigt. (Stausberg 2001)

Bereits 1975 hat Latham dargestellt, wie sich die

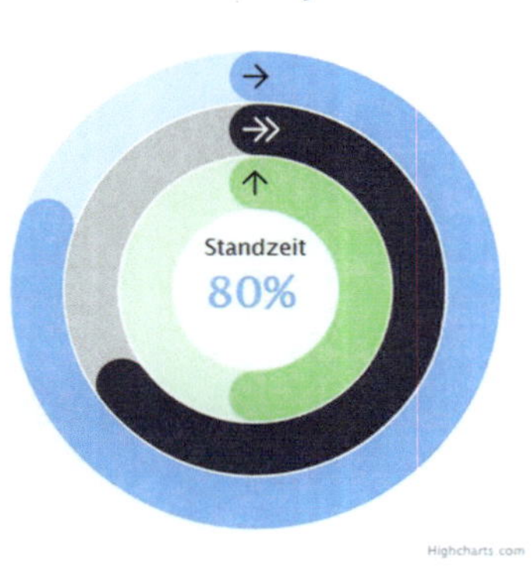

Abbildung 7   Beispiel Zielwerterreichung Fahrersicht

Auslastung von Fahrzeugen durch das Setzen von hohen Zielen von 60 % auf 90 % steigern ließ (Latham

1975, 123). In Kanada bekamen Holzfahrer besonders
große Anstecknadeln (best driver of the week), wenn
die im Vorfeld abgestimmte Leistung auch erreicht bzw.
überschritten wurde.

Wettbewerb unter den Fahrern ist heutzutage bei Die-
selverbrauchsanalysen häufig in den Unternehmen an-
gekommen. Doch die ganzheitliche Betrachtung fehlt in
vielen Fällen, obwohl die besonders wichtig ist.

Bei dem Setzen von Zielen muss nach Lattmann folgen-
des beachtet werden (Lattmann 1977, 34):

- Das Ziel muss vom Mitarbeiter angenommen
  werden.
- Es muss erheblich sein.
- Es muss zum Gegenstand der Kommunikation
  zwischen Mitarbeitern und Vorgesetzten werden.

Leistungsmotivation

Wie stellen sich daraus motivationale Effekte ein?

Nachdem die Oberziele festgelegt sind, müssen diese
auf die Ebene der Fahrer heruntergebrochen werden.

Beispiele: Abfahrtzeit vom Hof 6:00 h, Ladezeit pro Lkw
20 Minuten, Abladezeit beim Kunden entsprechend
den erreichten Zielwerten für das fixe Abladen

(Schlauch verlegen) und das variable Abladezeit (Pump-
dauer pro Tonne), Erreichen der hinterlegten Zeitfenster, Erreichen der geplanten Soll-KM auf der Tour, Reifendruck bei 9 bar auf der Antriebsachse etc.

Dagegen steht die tatsächliche Leistung, die kommuni-
ziert werden muss. Wichtige Punkte sind (Benston
1972, 57):

- Die Kenntnis der Leistung beeinflusst das Lern-
  verhalten und den Leistungsstandard, der
  durch Lernen erreicht werden kann.
- Kenntnis der Leistung beeinflusst die Motivation. Die bekanntesten Phänomene der Leis-
  tungskenntnis sind Motivationssteigerungen.
- Je spezieller die Kenntnis der Leistung, umso
  schneller erfolgt die Verbesserung und je höher
  ist der Leistungslevel.
- Je später die Leistung bekannt gegeben wird,
  desto weniger Einfluss hat diese auf die Leistung.
- Wenn die Kenntnis der Leistung abnimmt, fällt
  die Leistung.
- Aus der Kenntnis der Leistung und ihrem Vergleich mit dem Soll oder der Leistung der anderer entsteht eine Leistungskonkurrenz.

Ein Digitalisierungs- und Optimierungsprozess im Fuhrpark ist in jedem Fall Chefsache. Dafür muss Zeit eingeplant werden, wenn auch nur wenig, da der Großteil der Arbeit durch richtig konfigurierte Systeme erledigt wird. Für die Umsetzung von Maßnahmen und die Aktivierung von Teilprojekten ist die Unterstützung der Geschäftsleitung erforderlich. Die Teilprojekte müssen durch interne Projektmitarbeiter gesteuert werden.

Controlling durchführen und nicht Kontrolle

In diesem Buch geht es um die Vorteile des Einsatzes von Telematik im Fuhrpark. Viele verstehen darunter, dass man den Fahrer endlich jederzeit kontrollieren kann. Man kann den Lkw überwachen, wo er sich gerade befindet und welche Umwege er fährt. Vorsicht: Kontrolle demotiviert.

Controlling dagegen wird als Führungsinstrument verstanden. Es führt durch Teamarbeit zu Verbesserungszielen, zu Motivation und darum geht es in diesem Buch.

Um die Motivation aller, um die Leistung im Fuhrpark zu steigern.

Wie können denn beispielsweise die konkreten Ziele aussehen?

Wir wollen die Transportkosten pro Transporteinheit im Fuhrpark um 15 % pro Jahr senken!

Verantwortliche müssen bei Zielabweichungen von 10 % (bei ausgewählten Score Cards) einen Kommentar zum Vorgesetzten abgeben inkl. Aktivitäten!

Der Vertrieb muss entfernungsabhängige Lieferkosten in der Kalkulation berücksichtigen!

Mehrkosten durch Kundennachbestellungen werden gesammelt und für Kalkulationen herangezogen!

Wir wollen bei gleicher Transportmenge mit x % weniger Fahrzeugen beziehungsweise Fahrern auskommen als bisher!

Wir möchten Treibstoffkosten um 5 % pro Jahr einsparen!

Wir wollen die Überstunden um 10 % pro Jahr reduzieren!

Wir wollen dem Kunden bei Rückfragen sofort die aktuelle Lieferuhrzeit nennen können!

Wir wollen die gefahrenen Kilometer und die Fahrtzeiten in Bezug auf die Transportleistung um 10 % reduzieren!

Wir beabsichtigen, Leerfahrten um 5% abzubauen!

Wir wollen die Verwaltungsarbeiten zur Fahrerkarte und zur Temperaturüberwachung um 30 Stunden pro Jahr reduzieren!

Wir wollen die Lieferzeiten dokumentieren, ob sie im Zeitfenster waren!

Wir wollen dokumentieren, dass die Temperatur bei der Ablieferung der Kühl-Ware dem Normwert entsprochen hat!

Wir wollen dem Fahrer ein Feedback über seine Leistung vom Vortag geben.

Wir wollen mehr Sicherheit für den Fahrer, um Unfälle zu vermeiden - durch Einbau von Abbiegeassistenten und Rückfahrkameras mit AI-Personenerkennung.

Wir wollen die Schäden an Fahrzeugen um jährlich 10 % reduzieren!

Optimierungsansätze erarbeiten

Wegstrecken prüfen

Auch bei Ihnen? Werden täglich ähnliche Rahmentouren vom gleichen Fahrer in den gleichen Zustellbezirken zu den gleichen Kunden gefahren? Bestimmt der Fahrer die Kundenreihenfolge für die Tour selbst?

Dann haben Sie wahrscheinlich schon die ersten Potenziale entdeckt. Nehmen Sie einen neuen Fahrer, statten Sie ihn mit einer Navigation aus, damit er die Kunden findet, und plötzlich stellen Sie fest, dass ganz andere Routen gefahren werden und der Fahrer früher zurück ist als der Standardfahrer.

Die Ursachen können vielfältig sein. Da ist der "Schnitzelwirt", der regelmäßig zur Mittagszeit wegen der großen Portionen aufgesucht wird, was eventuell mit Umwegen, eventuell sogar Mautkosten und Fahrten außerhalb der Tour verbunden ist.

Es gibt auch den Wunsch des Fahrers, möglichst viele Stunden mit Überstundenzuschlag zu generieren. Dann fährt man vielleicht lieber in den Stau?

Touren optimieren

Übergeben Sie Ihre Aufträge mit Lieferadresse und Transportmenge an die elektronische Tourenplanung und lassen Sie die Reihenfolge der Zustellung (Reihenfolgeoptimierung) oder eine vollständige, tagesaktuelle dynamische Optimierung Ihres Zustellgebietes durchführen. Die Ergebnisse zeigen immer auch die zu erwartenden Plankosten pro Transporteinheit auf der Tour.

Abbildung 8 Dispoboard mit Aufträgen und Tourenkosten

Bei der vollständigen dynamischen Tourenoptimierung
werden die Aufträge unabhängig von bestehenden
Rahmentouren nach Fahrzeugkapazitäten, Lieferzeit-
fenstern und Kosten optimiert. Dieser Schritt zeigt in
der Praxis oft ein Einsparpotenzial von 15 % und mehr.

Die Optimierungsergebnisse müssen dann der Disposition bekannt gemacht werden, damit die Aufträge in
der richtigen Reihenfolge abgearbeitet und verladen
werden.

Gleichzeitig werden sie auf die Tablets gespielt. Die Navigation führt den Fahrer entsprechend der Optimie-
rungsreihenfolge und beim Kunden kann er dann z.B.
das Leergut erfassen und den elektronischen Abliefer-
beleg erstellen.

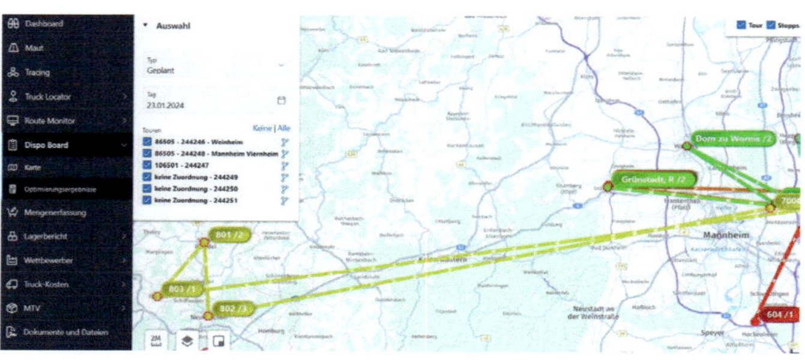

Abbildung 9 Ansicht Tourenoptimierung

Lieferkosten pro Kunde ermitteln

Sie haben neue Kunden gewonnen, die Konditionen ausgehandelt und Woche für Woche wird geliefert.

Wissen Sie, was diese Lieferung wirklich kostet?

Erfassen Sie die variablen- und fixen Sach- und Personalkosten und verteilen Sie diese verursachungsgerecht auf die Kunden anhand von Sternentfernungen. Systematisch geht das nur mit speziellen Geo-Funktionen in einer Datenbank und dem Einsatz von Telematik.

Die verursachungsgerechte Ermittlung der Touren- und Kundenkosten erfordert die Bewertung der gefahrenen Kilometer mit variablen Kosten sowie der Fahr- und Standzeiten mit anteiligen Fixkosten und Personalkosten.

Die Kundenadressen der Auslieferungsaufträge werden geocodiert, die Positionen auf der Karte dargestellt und aufgrund des Standortes des Kunden werden die anteiligen Fahrtkosten und die Standkosten (direkte Kosten) ermittelt.

Für Unternehmen mit unterschiedlichen Aufträgen pro Stopp (z.B. aufgrund der Abladebedingungen am Marktplatz 5 Kunden pro Stopp) kann zusätzlich eine Auftragskostenrechnung durchgeführt werden, bei der die Stoppkosten nochmals verteilt werden.

Sie sehen dann, ob der Rohertrag und der darin enthaltene Logistikanteil gedeckt sind.

Sie erkennen, ob die Entfernung des Kunden vom Depot, das Sortiment oder das Verhalten des Fahrers beim Entladen oder bei Umwegen die Ursache für Abweichungen in der Kalkulation sind.

Die bei den Kunden durchzuführenden Arbeiten müssen in Abhängigkeit von der Ablademenge mit Planzeiten hinterlegt werden, die zu Plankosten führen und später mit den Ist-Werten der Tour verglichen werden können. Mithilfe des Fahrers und idealerweise einer elektronischen Dokumentation auf einem Tablet sollten Wartezeiten und fehlerhafte Lieferzeitfenster dokumentiert werden.

Abbildung 10 Abladesituationen beim Kunden sind entscheidend für die Höhe der Kunden-Lieferkosten (Hebebühne, Rollbehältertausch, Rollbehälter abpacken etc.)

Fuhrparkcontrolling einführen

Möglicherweise werten Sie die Fahrerkarten zeit- und kostenintensiv aus und erfassen die Fahr- und Standzeiten für die Arbeitszeitabrechnung pro Tag und Stopp.

Wozu der Aufwand, wenn mit den Daten nichts weiter passiert? Angesichts dessen werden die Daten oft gar nicht erst erfasst.

Fuhrparkcontrolling klassischer Art wird in der Regel auch deshalb nicht betrieben, weil die Daten in den unterschiedlichen Buchhaltungen vorliegen. In der Anlagenbuchhaltung sind die Anschaffungswerte der Lkw etc. hinterlegt, in der Betriebskostenstelle die Treibstoffkosten, in der Personalbuchhaltung die Löhne. Im Regelfall wird nichts integriert betrachtet.

In der Logistik sind die Kosten mit den Verursachern Standzeit, Kilometer und Fahrzeit immer in Relation zur Leistung zu sehen. Und das ist die Entladeleistung gemessen an den Transporteinheiten (Beispiel: Anzahl Kisten, Fässer, Rollcontainer, Paletten, Ladeeinheiten).

Die Daten aus den verschiedenen Buchhaltungen müssen zusammengeführt werden. Für sich betrachtet sind die Zahlen wenig aussagekräftig. Vergleichende Logistikkennzahlen sind ohne EDV-Unterstützung kaum möglich.

Überdies sind wichtige Logistikkennzahlen wie z.B. Kilometer pro Stopp, Standzeit pro Transporteinheit, Lkw-Auslastung unternehmensspezifisch zu bilden und mit Sollwerten zu hinterlegen.

Beispiele:

Gewichtliche Auslastung

Nutzlast der Fahrzeuge in Tonnen im Verhältnis zur tatsächlichen Ladung in Tonnen.

Volumenauslastung

Ladekapazität der Fahrzeuge in Transporteinheiten im Verhältnis zur tatsächlichen Ladung in Transporteinheiten (z. B. Paletten).

Zeitliche Auslastung

Die zeitliche Auslastung der Fahrzeuge auf Basis der Sollzeit von z.B. 8 Stunden pro Tag. Ist ein Fahrzeug nur 4 Stunden pro Tag im Einsatz, beträgt die Kennzahl 50 %. Die Basiswerte sollten firmenspezifisch gebildet werden.

Kilometer pro Transporteinheit

Gefahrene Kilometer pro Transporteinheit auf der jeweiligen Tour. Diese Kennzahl sagt etwas über die Qualität der Planung aus. Werden z.B. mehr Kilometer pro Transporteinheit, z.B. Paletten, zurückgelegt als geplant, war das Fahrzeug im Durchschnitt nicht richtig ausgelastet und die Routen und Lieferreihenfolgen nicht optimiert.

Kammer-Temperatur/Stopp

In einigen Branchen ist es wichtig, dass der Fuhrparkleiter einen Nachweis über die Einhaltung der Temperaturen während des Transports und der Beladung führt. Bestehende Systeme haben oft den Nachteil, dass die Logger im Fahrzeug manuell abgeklemmt und dann im

Fuhrparkbüro pro Lkw ausgelesen werden müssen. Temperaturalarme, die online auf falsche Temperaturen hinweisen, sind in diesem Fall nicht möglich.

Konfigurierbare Auswertungen bieten auf Wunsch den operativen Zusatznutzen, die Entladetemperatur mit dem Entladeort zu verknüpfen und zeitnah auf Grenzwertverletzungen der Temperatur hinzuweisen.

Zeitgrad

Für den Fahrer ist es wichtig zu wissen, ob die von ihm erwartete Leistung auch eingetreten ist.

Eine Leistungssteuerung kann nur erfolgen, wenn die Leistung gemessen und darüber gesprochen wurde.

In einigen Branchen ist es möglich, für jeden Kundentyp pro Transporteinheit Vorgabezeit für das Be- und Entladen zu hinterlegen. Diese Vorgabezeit sind für den Fahrer leichter zu handhaben als die Bruttoerträge usw. Er muss wissen, welche Vorgabezeit bei den einzelnen Kunden von ihm erwartet wird, ob er diese erreicht hat oder nicht.

Eine wichtige Orientierungsgröße für den Fahrer ist daher der Zeitgrad. Der Zeitgrad ist der Quotient aus der fixen Sollzeit pro Kundenanlieferung für das Rangieren und die Lieferscheinbearbeitung und der variablen, mengenabhängigen Sollzeit für die einzelnen Transporteinheiten in Relation zur Ist-Zeit beim Kunden. Eine solche Leistungsmessung ermöglicht Leistungsvergleiche zu anderen Fahrern.

Treibstoffverbrauch/100km

Hängen Sie jede Woche eine Liste aus, auf der der Fahrer mit seinem Fahrzeug steht und aus der hervorgeht, wie sich der Kraftstoffverbrauch entwickelt hat.

Holen Sie sich für einige Tage einen Trainer ins Haus, der die Fahrer mit den aktuellen, für das Fahrzeug optimierten Spritspartechniken vertraut macht.

Regelmäßige Verbrauchskontrollen nach dem Training können über den CAN-Bus des Lkw durchgeführt werden.

Prüfung des Lkw-Typs

Ladebordwände und Ladungssicherung, Hebebühnen, Festaufbau mit Werbeaufschrift und Planen-Aufbau mit Schiebeplane, Anhänger und Auflieger? Lassen Sie alle Möglichkeiten prüfen und die Fahrer testen. Allein durch einen optimierten Fahrzeugtyp im Aufbau sparen Sie Kosten.

Fahrerfeedback durchführen

Das Kostensenkungspotenzial im Fuhrpark lässt sich am einfachsten mit motivierten Fahrern realisieren.

Um dies zu erreichen, müssen Sie mit ihnen sprechen, ihre Leistung messen und ihnen täglich Feedback geben.

Beispiele für Leistung: Schnelles Be- und Entladen, kurze Standzeiten, gutes Auftreten beim Kunden, saubere Arbeitskleidung, saubere Lkw und vieles mehr. Gute Leistung lässt sich an den Zielen messen: Wurde die Ware im erwarteten Zeitfenster angeliefert, wurde die Entladezeit erreicht und unterschritten? Wurde die richtige Route gewählt?

Administration verschlanken

Einige Unternehmen lassen die Fahrer Fahrberichte schreiben, die dann abgelegt werden, weil die Weiterverarbeitung zu aufwendig ist. Nutzen Sie die Telematik für den elektronischen Fahrtbericht und reduzieren Sie den manuellen Aufwand in der Verwaltung. Dazu gehört auch die automatische, elektronische Arbeitszeiterfassung.

Abbildung 11   manueller Fahrbericht noch sinnvoll?

Telefonieren reduzieren

Überprüfen Sie Ihre Telefonrechnung und die Kosten für die Kommunikation zwischen Zentrale und Fahrzeugen!

Dabei geht es weniger um die Telefonkosten, die heute oft durch eine Flatrate abgedeckt sind. Von besonderer Bedeutung ist vielmehr der Zeitaufwand für Telefonate zwischen Fuhrparkleitung und Fahrern, der in der Regel in keiner Spesenabrechnung auftaucht. Hinzu kommt das erhöhte Risiko für die Fahrer, wenn sie während der Fahrt durch Telefonate abgelenkt werden. Erhält der Fahrer telefonisch einen neuen Auftrag, für den er sich die Abladestelle notieren muss, muss er einen Rastplatz anfahren. Auch das kostet Zeit. Hinzu kommt das Risiko, dass es durch unverständlich übermittelte Lieferadressen zu falschen Fahrten und Umwegen kommt.

DATEN/AKTIVITÄTEN FÜR DEN OPTIMIERUNGSPROZESS

Vor der Verbesserung der logistischen Prozesse steht ein längerer Weg, auf dem Daten aufbereitet, gemeinsame Maßnahmen diskutiert und verabschiedet werden müssen.

Um Einspareffekte zu ermitteln, werden Daten benötigt. Aus welchen Bereichen müssen die Daten kommen?

Daten zum Kunden

Nutzen Sie den Fahrer als wichtigstes Bindeglied zum Kunden. Die Fahrer wissen oft genau, welche Bestellzeitfenster, Intervalle und Mindestbestellmengen sich beim Kunden ändern.

Die Fahrer können dem Fuhrpark- und Vertriebsmanagement wichtige Impulse geben, welche Aktivitäten der Kunde entfalten kann, um die Entladekosten zu

senken, angefangen von der Leergutvorbereitung bis
hin zur Entladehilfe.

Abladeort

Wichtig ist, dass die Disposition den Abladeort direkt
auf der Karte definiert.

Telematik, integrierte Navigation: Die Telematik-Einheit
im Fahrzeug sorgt für die Kommunikation mit dem Server und erhält über das Mobilfunknetz die Aufträge, die
sie an eine Navigationslösung weitergibt. Diesen Aufträgen sind bereits die Zielpositionen, Längen- und
Breitengrade zugeordnet, dort muss der Fahrer dieser
Konfiguration nur noch auf den Auftrag tippen und die
Route zum Ziel wird geplant. Vorteil: Der Fahrer muss
keine Adressen eingeben. Bei Zielpositionen, z.B. in
Neubaugebieten, sind diese bereits durch den Fuhrparkleiter eingestellt und korrigiert. Rückfragen durch
den Fahrer und damit verbundene Telefonkosten entfallen.

Kundentyp

Von großer Bedeutung für die Tourenoptimierung sind
die kundenseitigen Typendaten, bestehend aus fixen
(ablademengenunabhängigen) und variablen (ablade-
mengenabhängigen) Zeiten. Die zu liefernden

Produktgruppen sind zu typisieren und mit der Vorgabezeit für die Entladung zu versehen. Die Telematik hilft, diese Typisierung auf der Basis historischer Daten vorzunehmen.

Fotos

Die Fahrer können durch Kommentare und Fotos von schwierigen Abladebedingungen (z.B. lange Wege mit Sackkarre) dazu beitragen, dass die Planwerte für die Kostenrechnung und die Optimierungsrechnung im System richtig eingestellt werden.

Zeitfenster

Die Kunden müssen in den richtigen Zeitfenstern und an den richtigen Wochentagen bedient werden. Nur so kann eine Tourenoptimierung erfolgen.

Entfernungsklassen

Um das Depot werden Entfernungszonen gelegt und für jede Entfernungszone pro Produktgruppe der Ziel-Kostensatz und der Ziel-Kostenertrag pro Transporteinheit festgelegt. Beispiel: Die Zustellung von Getränken in einem Umkreis von 35 km um das Depot darf nicht mehr als x Euro pro Transporteinheit kosten.

Soll-Kosten

Die Soll-Kosten pro Transporteinheit müssen für jeden Kunden typgerecht hinterlegt werden, um einen Ist-Vergleich durchzuführen.

Transportmenge

Möchte man eine Einsparungsrechnung durchführen, sind die Kosten immer auf die Transportleistung zu beziehen. Das können transportierte Kisten, Fässer, Paletten. Container, Rollbehälter etc. sein. Diese Mengen sind über die Warenwirtschaft in vielen Branchen den Aufträgen zugeordnet. Im Regelfall werden diese Daten durch JSON/Rest-Schnittstellen aus der Warenwirtschaft übernommen.

Wahlweise können Mengen auch über spezielle Programme, über Scanner und über einfache Datenerfassung zugeordnet werden.

Technik

Zu den technischen Daten des Fahrzeugs gehören die interne Nummer, das amtliche Kennzeichen, das Gesamtgewicht, die Nutzlast, das Baujahr sowie die für die Mautberechnung wichtige Anzahl der Achsen, die Länge, die Breite und die Höhe des Fahrzeugs.

Jährliche Kilometerleistung.

Kosten

Die Kosten können als Jahreswerte ermittelt oder als Monatswerte aus den Schnittstellen zu UTA, DKV, Toll Collect etc. automatisiert erfasst werden.

Daten aus der Buchhaltung sind z.B.

- Anschaffungswert des Fahrzeugs inkl. Aufbau ohne Mehrwertsteuer,
- Steuern und Versicherungen für das Fahrzeug,
- die kalkulatorische Abschreibungsdauer und der kalkulatorische Zinssatz bzw. die Leasingraten.
- Aus der Sachkostenabrechnung sind die Reparaturkosten und die Kraftstoffkosten zu entnehmen.

Daten zum Fahrer

Die Personalabteilung verwaltet alle Personalkosten. Für das Unternehmen werden pro Fahrer und Monat die geleisteten Stunden der Fahrer mit Angabe der Überstunden erfasst.

Aus diesen Daten werden Verrechnungssätze gebildet, die für die Tourenauswertung und die Kundenabrechnung verwendet werden.

Für den automatisierten Tacho-Download wird die ID der Fahrerkarte hinterlegt und für die Arbeitszeitabrechnung die RFID der Fahrerkarte oder des ID-Keys vom Schlüsselanhänger.

Daten zur Tour

Zeiten und Leistungen

Für die Ersparnisberechnung müssen folgende Daten vom Fahrzeug automatisch aufgezeichnet werden:

Abladeort, Kundennummer, Kilometer, Fahrzeit, Standzeit beim Kunden und Standzeit nicht beim Kunden, Standzeit auf dem Hof, Tourenbeginn, Tourende.

Die Tourenzeit erstreckt sich von der Hofausfahrt bis zur Hofeinfahrt und beginnt in der Regel an einem Depot.

Vor Beginn der Tour erfolgt in vielen Fällen die Beladung auf dem Hof. Dies kann mit oder ohne Anwesenheit des Fahrers geschehen. Die Ladetätigkeit des Fahrers verkürzt seine verfügbare Arbeitszeit für die Lieferzeit. Ist eine Arbeitszeiterfassung per Telematik mit Chipkarte vorgesehen, kann die Differenz zwischen Arbeitsbeginn und Abfahrtszeit des Lkw ermittelt werden, auch ob die Abfahrtskontrolle durchgeführt wurde oder nicht.

Moderne Telematik-Systeme melden Start und Stopp über das Zündsignal oder einen Bewegungssensor. In die Systeme ist eine automatische Tourenbildung integriert, sodass für jeden Liefertag und jeden Lkw die Touren vollautomatisch erfasst und auf der Karte dargestellt werden.

Es reicht jedoch nicht aus, dass die Tour mit ihren vielen Stopps automatisch erfasst wird. Die Toureninformationen müssen auch schnell in der Zentrale verfügbar sein, denn nach der Tour muss der Fuhrparkleiter mit dem Fahrer darüber sprechen können.

Moderne Systeme wandeln das automatisch in eine Score Card um, die der Fahrer als Feedback auf seinem Tablet sehen kann.

Nur so sind die Erinnerungen noch frisch und der Fahrer kann wichtige Impulse geben, was gut war und was verbessert werden muss.

Logistikkennzahlen

Die Aufträge werden mit ihren Mengen aus der Disposition und Optimierung bereitgestellt und nach Abschluss der Tour mit den Ist-Daten der Tour verknüpft. Aus den Kilometern und Zeiten werden die Auslastungsgrade berechnet und schließlich die Kosten pro Transporteinheit für den einzelnen Lieferstopp ausgewiesen.

Dadurch kann die Fahrerproduktivität abgeleitet werden.

Auswertungen pro Benutzer mit Definition von Kennzahlen und individuellen Abfragemöglichkeiten für jedes Aufgabengebiet erhöhen die Benutzerakzeptanz.

Lenk- und Ruhezeiten

Spezielle Telematik-Systeme und Auswertemodule ermöglichen den Fern-Download von Massenspeicherdaten und Fahrerkarten aus digitalen Tachografen.

Noch während der Tour können Restlenkzeiten für die Disposition aufbereitet werden.

Die Datenauswertung erfolgt unter Berücksichtigung
von Schichten, Kilometern und Arbeitszeit. Verstöße
werden dokumentiert und die gesetzliche Archivie-
rungspflicht erfüllt.

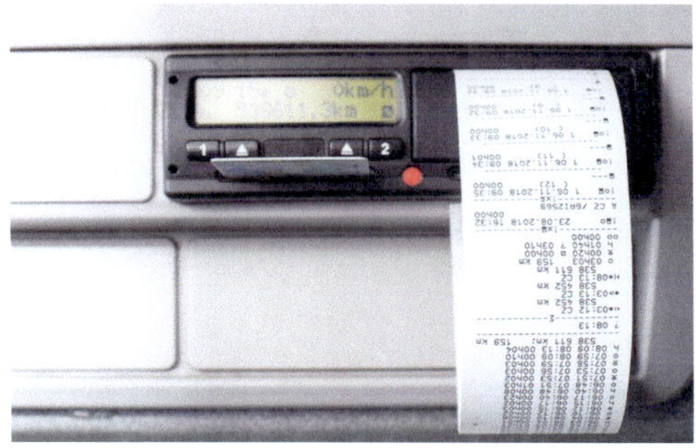

Abbildung 12 Daten aus dem digitalen Tachografen

AUSGEWÄHLTE NUTZER

Controller

Je nach Betriebsgröße verfügen die Unternehmen über
Controller oder kaufmännische Leiter. Deren Bestreben
es ist, die Wirtschaftlichkeit des Unternehmens zu erhalten oder zu erhöhen. Im Großhandel, der mit Lager
und Transport die beiden enormen Kostenblöcke hat,
ist gerade Transport vielfach ausschlaggebend für Ge-
winn und Verlust bei einem Kunden.

Wo liegen denn die genauen Kosten für die einzelne Zustellung für einzelne Kunden? Für die Beantwortung ist es wichtig, ein möglichst großes Mengengerüst zu schaffen, mit aussagefähigen Durchschnittswerten sowie verlässlichen Basisdaten.

Eine Kundenkostenrechnung auf Basis der Telematik-Daten zeigt die Ursache für deren Entstehen, der Controller sieht die Zielabweichung bei den Kosten pro Transporteinheit und ob die Ursachen bei überhöhten Arbeitszeiten lag oder die Wegstrecken mit Staus oder Umwegen verantwortlich dafür waren.

Vielleicht liegt der Kunde auch in einem Liefergebiet weit außerhalb des normalen Bereichs, für das die normale Kalkulation nicht angewendet werden darf? Sonderzeiten, die zum Beispiel durch Kranabladung oder Wartezeiten anfallen, werden möglicherweise vom Kunden bezahlt, wenn sie dokumentiert werden können. Der Controller muss dann steuernd auf den Vertrieb zugehen.

Möglicherweise stellt sich auch heraus, dass die Spanne bei einzelnen Produkten gar nicht ausreicht, um den Transport per Lkw zu finanzieren und deshalb lieber der Paketversand gewählt werden sollte.

Werkstattleiter

Die Fahrzeuge müssen regelmäßig zum Service, um
möglichst geringe Stillstandszeiten zu haben. Daher ist
es für die Werkstatt wichtig, zu erkennen, wie die aktuellen Kilometerstände der Fahrzeuge sind. Ist in der Datenbank das Serviceintervall mit der erforderlichen Ser-
vicearbeit hinterlegt, kann automatisiert die
Meldungen an den Werkstattleiter erfolgen, dass ein
bestimmtes Fahrzeug gewartet werden muss.

Personalabteilung

Sofern die Arbeitszeiterfassung bisher nicht durch ent-
sprechende Chipkartensysteme automatisiert ist,
schreiben die Fahrer Arbeitszeiten auf. Die Personalabteilung ist im Regelfall sehr daran interessiert, die Daten automatisiert zu erhalten, die EU-Regelungen for-
dern das ebenso.

Nun zum Entlohnungssystem: Im Regelfall werden die
Fahrer nach Stunden und Überstunden entlohnt, was
dazu führt, dass der langsame Fahrer zum Teil einen
höheren Lohn erhält als der schnelle, motivierte Fahrer.

Gemäß § 7 Absatz 1 des Fahrpersonalgesetzes darf
die Entlohnung des Fahrpersonals nicht von der Menge
des beförderten Gutes oder der Anzahl der zurückgelegten Touren abhängen.

Denn diese können bewirken, dass der Fahrer ein Interesse daran hat, möglichst rasch, also auch durch möglichst schnelle Fahrweise, ins Depot zu kommen und wieder neu zu laden, um mehr Menge auszufahren. Dadurch kann die Verkehrssicherheit beeinträchtigt werden und das ist nicht im Interesse des Gesetzgebers.

Der Ausweg ist: Nicht die Schnelligkeit beim Fahren, sondern die Produktivität beim einzelnen Abladevorgang wird prämiert.

Weiter oben wurde bereits der Zeitgrad als Produktivitätsmessgröße dargestellt.

An den durchschnittlichen Zeitgrad im Monat wird ein Geldfaktor gekoppelt, der zu einer variablen Komponente des Einkommens führen kann.

Ferner sollte der Fuhrparkleiter auch noch individuelle Spitzenleistungen prämieren können - angefangen vom niedrigen Treibstoffverbrauch bis hin zum sauberen Fahrzeug sind viele weitere Komponenten denkbar.

Vertrieb

Der Vertrieb wird klassisch an der Erreichung von Umsatzvorgaben gemessen. In modernen Unternehmen wird der Rohertrag in die Betrachtung einbezogen.

Weitet er den Umsatz in entfernten Liefergebieten aus, was zu höheren Distributionskosten führt, kann man alternativ bei den Vertriebsprovisionen die verursachten Logistikkosten berücksichtigen.

Der Vertrieb muss in das Kostensenkung-Projekt für die Logistik einbezogen werden, denn vielfach ist er die Ursache von falschen Liefertagen, falschen Zeitfenstern, falschen Wegstrecken und halb ausgelasteten Fahrzeugen.

Geschäftsführer

Die Aktualität von Soll-Ist-Abweichungen ist wichtig, der Firmenchef will im Regelfall über Score Cards und Grafiken auf einen Blick erkennen können, wo etwas aus dem Ruder läuft. Moderne Systeme haben hinterlegt, wer bei welcher Abweichung wie zu reagieren hat.

Der große Vorteil von Cloud-Lösungen im Kostensenkungsprozess: Alle Fuhrpark-Beteiligten sehen auf die gleichen Daten und können diese auch an unterschiedlichen Unternehmensstandorten über das Internet ansehen. Einsparungen an Meetingzeit und Reisezeit sind die Folge. Alle Gesprächspartner rufen die gleichen Informationen auf, sofern sie denn zugelassen sind, und unterhalten sich über die gleichen Fakten.

Der Chef kann stets den Zielerreichungsgrad für jedes einzelne Abteilungsziel abrufen. Umgekehrt wissen die

Mitarbeiter bei jeder Tour genau, dass sie dem Chef im Zweifel bestimmte Abweichungen erklären müssen, was dazu beitragen kann, dass Kosten erst gar nicht entstehen.

AUSWAHLENTSCHEIDUNG VON TELEMATIKSYSTEMEN

Wo liegen die Effizienzvorteile?

Der Markt ist vielschichtig und unübersichtlich. Gibt man im Januar 2024 bei Google das Wort Ortung ein, kommen 4,2 Mio. Suchergebnisse zurück. Wie soll man dort die richtige Lösung für seinen Betrieb finden?

Da man nicht genau weiß, was man alles mit der Telematik erreichen kann, was die Technik leistet, ist man unsicher und verspielt damit beim Nichthandeln auch den Effizienzvorteil. Aber wie sollte man denn vorgehen?

Welche Möglichkeiten gibt es?

Man möchte sehen, wo der Fahrer gerade ist und damit auch abschätzen, wann er zurück auf dem Firmenhof ist. Dann reicht in vielen Fällen die aktuelle Position des Fahrzeugs mit dem Zeitstempel über eine

Ortungsbox. In anderen Fällen ist aber das Ankunfts-monitoring mit Berücksichtigung der Verkehrssituation erforderlich, dann ist ein komplexeres Navigationssys-tem notwendig.

Möchte man die digitale Unterschrift beim Kunden, ist ein MDE-Gerät oder ein Tablet erforderlich.

Kommen wir zu den verschiedenen Variantenklassen, bei denen es sich hier nur um eine Grobeinteilung han-deln kann, denn es gibt (siehe die Google-Abfrage) un-endlich viele verschiedene Varianten am Markt.

Variantenklasse 1: Ortung-Basis

In dieser Klasse wird entweder an der Innenseite der Windschutzscheibe oder direkt am Zigarettenanzünder der gesamte Ortungscomputer Plug&Play montiert.

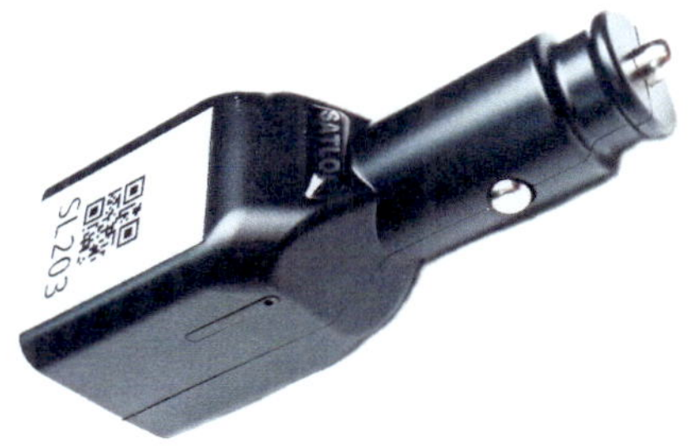

Abbildung 13 GPS-Tracker für Zigarettenanzünderbetrieb

Diese Computer haben neben dem Prozessor und dem GPS-Empfänger eine innen liegende SIM-Karte für den Datenaustausch zu einem zentralen Server und senden die GPS-Positionen und Zeitstempel sowie Kilometer (ermittelt aus GPS) zyklisch oder auch nach einem Ereignis (z.B. Zündung aus, Zündung an, Bewegungsstopp).

Mit Variante 1 können Sie Fahrzeugpositionen kontrollieren, Sie haben eine niedrige Komplexität, aber auch nur eingeschränkten Nutzen. Diese Variante wird im Regelfall für Proof of Concept benutzt.

Variantenklasse 2: FMS-Telematik

„Die **Flotten-Management-Schnittstelle (FMS**; engl. *fleet management system*) ist eine standardisierte Schnittstelle zu einigen Fahrzeugdaten schwerer Nutzfahrzeuge. Die sieben europäischen Hersteller Daimler, MAN, Scania, Volvo, Renault Trucks, DAF Trucks und IVECO haben sich 2002 zum sogenannten FMS-Standard zusammengeschlossen, um so markenübergreifende Anwendungen der Verkehrstelematik zu ermöglichen. (Wikipedia, Flotten-Management-Schnittstelle kein Datum)

Es gibt einen standardisierten 12-poligen grünen Telematik-Stecker, der zum Teil standardmäßig mit verbaut oder beim Fahrzeugkauf mitbestellt wird. An diesen lassen sich dafür konzipierte Telematik-Systeme anschließen, die dann auch Dieselverbrauch, Drehzahlen zusätzlich zu den Daten der Variantenklasse 1 aufzeichnen und versenden. Die Fahrzeughersteller haben neben der standardisierten CAN-Schnittstelle eigene sehr viel tiefergehende, vorwiegende technisch orientierte Telematik-Anwendungen im Programm. Zu den FMS-Gerätetypen (die allerdings auch nur an Dauerplus, Zündungsplus und Masse betrieben werden können) gibt es dann auch Zubehör:

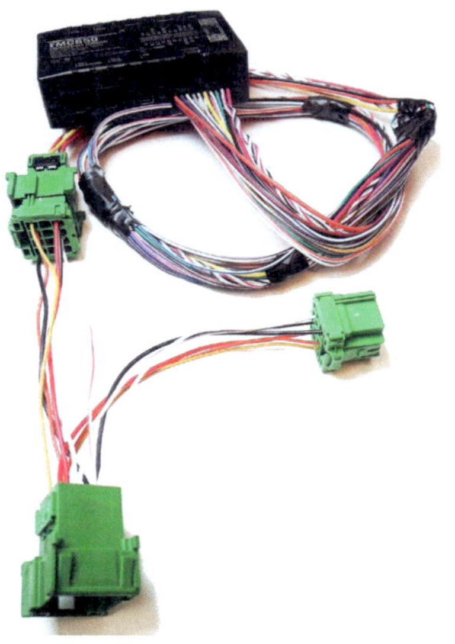

Abbildung 14 Professioneller GPS-Tracker mit FMS-Anschlusskabel

1-wire Zubehör

Mit Kabelanschluss lassen sich Fahrer-ID-Schlüsselanhänger auslesen. Es gibt spezielle Temperaturfühler, die ebenfalls mit 1-wire anschließbar sind.

RFID-Zubehör

Mit speziellen RFID-Lesegeräten lassen sich aktive RFID-Transponder über Strecken von bis zu 150 m auswerten. Tür oder Klappe offen/zu, Container aufgeladen/abgeladen, Temperaturen in verschiedenen Kammern. Das ist besonders für die schnelle Nachrüstung interessant.

Reifendruckkontrollsystem

Alarme bei Reifenunterdruck und Versand der Information auf Displays und in die Zentrale.

Tachoanbindung (mit Adaptern)

Auslesen von z.B. von Fahrer-ID, Fahrzeitstatus, Pausenstatus und Übermittlung von Fahrerkartendaten und Massendaten.

Mit Variante 2 können Sie Stopps, Kilometer, Dieselverbrauch, Tourenkosten, Lkw-Kosten, zeitliche Fahrzeugeinsätze bewerten und Aussagen zu Verbrauchswerten tätigen. Der von den Herstellern zertifizierte Stecker kann die Einbaukosten reduzieren.

Variantenklasse 3: Videotelematik

Eine Dashcam zeichnet rollierend das Geschehen vor dem Fahrzeug auf. Bei einem Unfall oder auch zur Fahrerschulung können die Videos ausgewertet werden. Die Systeme arbeiten zusätzlich als Ortungscomputer mit der Dokumentation von Stopps, Kilometern und Fahrtstrecken. Das Fahrverhalten (abruptes Abbiegen, oftmaliges abruptes Bremsen etc.) wird aufgezeichnet und zum Server geschickt.

Abbildung 15 Dashcam mit Ortungsfunktion, Fahrweiseaufzeichnung und Videoaufzeichnung bei einem Unfall

Abbildung 16 Truck-Tablet 6'' mit Scanoption

Anstelle des Truck-Tablets im Hochkant-Format setzen sich heute immer mehr für den rauen Einsatz konzipierte Tabletcomputer durch. Der Fahrer hat darauf meist im Querformat auf einem 7-Zoll-Bildschirm gut ablesbar alle Daten zu Aufträgen, kann direkt aus dem Auftrag telefonieren und zum Ziel hin navigieren. Die Navigation ermittelt optional für jeden Kunden der Tour die rollierende Ankunftszeit und übermittelt diese zum Server.

Beim Kunden nimmt der Fahrer das Gerät aus der Halterung und erzeugt dort eine elektronische Unterschrift auf einem Lieferschein-PDF, das dann als E-Mail an den Kunden verschickt wird. Beim Kunden kann er bei eventuellen Schäden den Auftragsdaten Fotos hinzufügen.

Abbildung 17 Truck-Tablet 8'' mit NFC für Arbeitszeiterfassung

Die Aufträge kommen über die eingebaute SIM-Karte oder auch über WLAN auf die Truck-Tablets. Bei SIM-Kartennutzung hat die Disposition bereits während der Tour Lieferquittungen für die Weiterverarbeitung zur Rechnung zur Verfügung.

Zubehöranbindung:

Barcodescanner

Sie können mit Bluetooth an das Tablet angebunden werden. Damit lassen sich in der Verladung und beim Kunden Produkte scannen und mit den Sollmengen abgleichen. Das dient der Sicherstellung der kompletten Lieferung.

Rückfahrkamera

Moderne Systeme dieser Auftragsklasse können über eine spezielle Halterung das Bild der Rückfahrkamera des Fahrzeugs auf dem Tablet abbilden. Damit kann der Rückfahrkamera-Monitor eingespart werden und im Cockpit gibt es nur einen zentralen Bildschirm.

Sicherheitssysteme

Was gibt es an neuen Technologien, um auch im Fahrzeug den Fahrer aktiv zu warnen, wenn er Sicherheitsgrenzen überschreitet? Müdigkeitserkennungssysteme reagieren mit Alarmton, wenn es zu häufiger Unaufmerksamkeit des Berufskraftfahrers kommt.

Neue Nachrüstsysteme alarmieren bei gefährlichen Auffahrtsituationen. Sie lassen sich nicht abschalten und melden unsichere Fahrweise direkt zum Server, sodass die Disposition im Hinblick auf Pause und Schulungsmaßnahmen eingreifen kann.

Abbildung 18 Truck-Tablet 8'' mit Rückfahrkameraanbindung und Personenerkennung

Das Thema Künstliche Intelligenz zieht im Rahmen der Digitalisierung auch in die Lkw ein. Während früher Rückfahrkamera und Seitenkameras lediglich das Bild nach Einlegen des Rückfahrgangs bzw. dem Betätigen des Blinkers zeigten, ermöglichen es die modernen AI-Kameras (AI=Gattung für Artificial Intelligence) mit künstlicher Intelligenz direkt in der Kamera oder einer Steuerbox, Personen und Stapler in einem vorher definierten Zonenbereich zu erkennen und dann einen Alarm auszugeben. Der Alarm erfolgt sofort auf dem Tablet innerhalb des Kamerabildes. Unfälle werden durch schnelles Reagieren des Fahrers vermieden.

Die Telematik kann daher heutzutage nicht nur als Instrument für die Fuhrparkoptimierung verstanden werden, sondern trägt aktiv zur Verkehrssicherheit bei.

Ortungs-Computer

Moderne Truck-Tablets können über serielle Kabelanbindung oder Bluetooth die Daten der Ortungscomputer auswerten und zeigen dem Fahrer dann auch die technischen Daten wie Temperaturen von Kammern, Status von Türen/Klappen, Reifendruck etc. auf dem Truck-Tablet an.

Achten Sie auf Modularität! Wenn Sie klein anfangen wollen mit Variante 1, dann sollten Sie Wert darauf legen, dass Sie später auf Variante 2 bis 4 hochrüsten können.

Sie sollten sich bewusst sein, dass die Variante 1 preiswert und einfach ist, dass Sie aber nicht jeden Tag auf die Karte schauen, um den Fahrer zu kontrollieren. Wichtig ist auch die richtige Kommunikation mit dem Fahrer, damit dieser sich nicht überwacht fühlt und die Vertrauensbeziehung leidet. Darauf wird ab Seite 85 noch eingegangen.

Bei den Varianten 4 ist das nahezu ausgeschlossen, denn hier wird die Telematik zum Hilfsinstrument für den Fahrer: zur Erreichung einer besseren Fahrweise, zu ruhigerer Abwicklung, mit weniger Telefonaten, zu reduziertem Suchaufwand, zur Erhöhung der Sicherheit, weniger Papier, Scanning von Dokumenten, zur Vermeidung von Umwegen etc.

Die Fahrer mögen die Lkw-Navigation und auch die integrierte Rückfahrkamera. Die Disposition hat es einfacher mit der Auftragsabwicklung und sieht bei Kundenrückfragen auch die Positionen und optional die Ankunftszeiten.

Wichtig ist es, vor der Entscheidung zu Variante 3 von einem Spezialisten die Anbindungsmöglichkeit an die Warenwirtschaft abklären zu lassen.

Auftragsdaten müssen von der Warenwirtschaft auf das Truck-Tablet kommen. Entweder gibt es Schnittstellen wie z.B. bei

- Mühlenindustrie: VAS Software GmbH,
- Frischdienst: CSB-System SE,
- Getränkefachgroßhandel: ORGA-SOFT, Organisation und Software GmbH,
- Brauerei: Tobax Software GmbH,
- Textilservice (TIKOS) SoCom Informationssysteme GmbH,

die mit modernen JSON/Rest-Protokollen und Oracle-Cloud-Datenanbindung die Versorgung vornehmen. Oder Sie haben als Minimalform eine Exceltabelle, in die die Aufträge eingetragen sind und die dann zu einem Auftragsserver übertragen werden. Innerhalb von 2 bis 3 Arbeitstagen ist im Regelfall auch eine exotische Warenwirtschaft zur Auftragsdatenübermittlung umgerüstet.

Mit Variante 4 können Sie zusätzlich zu Varianten 1-3 Ihren Arbeitsfluss digitalisieren und haben gleichzeitig für die Effizienzvergleiche die Kosten in Bezug auf die Abstandemenge im Griff. Sie sehen die Kundenkosten pro Transporteinheit, die Sollzeiten für das Abladen im Vergleich zu Ist-Zeiten sowie optimal geplante Touren im Vergleich zu Ist-Wegstrecken. Bei dieser Variante haben Sie eine höhere Komplexität, die aber von Fachleuten beherrscht wird, und Sie haben einen hohen effizienzsteigernden Nutzen mit steigender Fahrermotivation.

Bei Variante 4 können Sie auch – speziell im Getränkefachgroßhandeln und der Brauerei interessant - komplexe logistische Vorgänge abbilden. Der Abladeort von Paletten auf dem Lkw wird im Regelfall vom Fahrer vor der neuen Tour mit Hilfe des Tablets bestimmt, denn er kennt die Abladebedingungen genau. Er ist aber bei der Nachtverladung nicht anwesend. Die Tablets aus Variante 4 können auch auf Staplern montiert werden.

Diese Stapler-Tablets erhalten die vorher vom Fahrer auf dem Truck-Tablet im Lkw vordefinierten Ladereihenfolgen, und der Staplerfahrer kann diese dann digital berücksichtigen und richtig verladen. Die Ladungssicherung wird dann ebenfalls auf dem Stapler-Tablet per Unterschrift dokumentiert.

Der Mannheimer Polizeidirektor a.D. Dieter Schäfer arbeitet seit 2014 daran, die Unfallgefahren von Lkw-Fahrern zu reduzieren, insbesondere den Tod am Stauende zu vermeiden. Er hat wichtige Regeln entwickelt, die gerade bei Telematik-Einsatz und Digitalisierung im Fuhrpark berücksichtigt werden sollten.

Er hat hierzu auch ein Buch veröffentlich, in dem die folgenden Regeln und Sicherheitsregister enthalten sind: (Schäfer 2024)

Die 10 Max-Achtzig-Regeln für LKW-Fahrer

1. Lenk- und Pausenzeiten stets einhalten, Pausen sinnvoll nutzen.
2. Nur dringende Telefonate führen und nur dann, wenn eine Freisprechanlage vorhanden ist. Jedes Telefonat lenkt ab.
3. Social Media Nutzung per Smartphone, Notebook, Tablet etc., wie Facebook, WhatsApp, SMS oder YouTube muss unterbleiben.
4. Dispositionen über Route, Routenänderung oder Auftragsbearbeitung nicht während der Fahrt vornehmen.
5. Fahrer fremde Tätigkeiten wie Lesen, Kaffee kochen, Speisen zubereiten, Körperpflege, etc.

sind mit einem sicheren Fahren unvereinbar und sind zu unterlassen.

6. Essen und Trinken während der Fahrt nur, wenn sichergestellt ist, dass die Konzentration auf den Verkehr nicht gestört wird.

7. Alkohol und sonstige die Reaktion und Konzentration beeinflussende Mittel, aber auch Medikamente, die das Fahren ausschließen, sind direkt vor und während den Fahrzeiten strikt untersagt.

8. Kleiderwechsel erst beim nächsten Parkplatz oder in der Pause vornehmen. Festes Schuhwerk tragen.

9. Wenn etwas herunterfällt, bei nächster Gelegenheit anhalten und es erst dann aufheben.

10. Max-Achtzig-Gebot: "Ich halte mich – gerade auf Strecken mit Staugefahr und in Baustellen - korrekt an die vorgegebenen Geschwindigkeitsbegrenzungen. Ich halte Sicherheitsabstände und Überholverbote ein und bin hellwach."

Hierzu gibt es auch einen sehr interessanten Podcast: (Stausberg und Schäfer, SATLOG academy podcast Hellwach mit 80km/h 2023)

1.1. Vertrautheit und Kenntnis der Assistenten. In nahezu jedem Lkw ist moderne Notfalltechnik verbaut. Der Berufskraftfahrer muss deshalb auf jedem (!) von ihm genutzten Lkw eine Einweisungsfahrt erhalten und mit den vorhandenen Hilfssystemen vertraut gemacht werden. Erwartet wird insbesondere ein sicheres Wissen über die unterschiedlichen Übersteuerungsmöglichkeiten des Notbremsassistenten im Gefahrenfall, um im Gefahrenstress ein unbeabsichtigtes Abschalten der Notbremsung zu vermeiden. Der Berufskraftfahrer muss vor Übernahme des Lkw auf die Einweisungsfahrt bestehen.

1.2. Abstandsregeltempomat (ART) Die Nutzung außerhalb geschlossener Ortschaften ist vertragliche Pflicht. Der ART führt zu einer defensiveren und ruhigeren und damit sichereren Fahrt. Außerdem wird dadurch eine wirtschaftliche Fahrweise gefördert.

1.3. Lkw-Navigations-App In einem Lkw-Fuhrpark sollten nur Lkw-taugliche Navigationssysteme ein. Die Software erhält regelmäßige Updates. Der Berufskraftfahrer muss sich bei unbekannten Strecken mit der Fahrtstrecke und der Baustellensituation vertraut machen. Bei Stauhinweisen wird gesteigerte Aufmerksamkeit erwartet.

1.4. Termine und Zeitfenster Liefer- und Abholtermine, wie auch gebuchte Zeitfenster, sind bindend und grundsätzlich einzuhalten. Hierzu werden Zeitpuffer eingeplant. Kommt es zu Verzögerungen, die Termine gefährden, werden diese umgehend dem Kunden mitgeteilt. Ein Aufholen verlorener Zeiten durch Geschwindigkeitsverstöße oder sonstige unerlaubte Handlungen werden untersagt.

1.5. Die 10 Max-Achtzig Regeln Wir bekennen uns als teilnehmendes Logistik- oder Speditionsunternehmen zur Einhaltung der Max-Achtzig-Regeln durch unsere Fahrer. Die Berufskraftfahrer werden in Fahrerversammlungen beschult und mit dem Akt einer Selbstverpflichtung zu „Max-Achtzigern". (Schäfer 2024)

Der besondere Nutzen, den die Telematik unter dem Thema Sicherheit bieten kann, ist unter der Überschrift Zubehöranbindung und Videotelematik beschrieben. Die Telematik zeichnet nicht nur auf, sondern sendet Daten auch zum Dispositionsarbeitsplatz und schafft damit die Basis für Schulungsmaßnahmen für den Fahrer.

WIE SOLL MAN KOMMUNIZIEREN?

Viele Unternehmer fürchten sich davor, etwas an den Managementprozessen zu ändern, weil bei Personalmangel auf dem Markt Fahrer und Disponenten kündigen könnten, weil sie sich kontrolliert fühlen oder die mit den Veränderungen verbundenen Anstrengungen scheuen. Dabei wird übersehen, dass mit der richtigen Kommunikation viele positive Effekte aus der Veränderung gezogen werden können.

In der Mühle melden sich die Produktionsmitarbeiter morgens am Zeiterfassungssystem an und abends wieder ab, und man weiß genau, wie viel Mehl am Tag produziert wurde, wodurch eine Leistungsmessung möglich ist. Im industriellen Prozess ist die Leistungsmessung und Leistungsentlohn nicht mehr wegzudenken.

Im Fuhrpark war das bisher nicht möglich und wurde nicht gelebt. Die neuen Technologien machen es möglich, wenn man sie richtig einsetzt.

Was ist also dem Fahrer zu kommunizieren, damit er den Vorteil erkennt, den ihm die Telematik bringt und er sieht, wo der Nutzen für das Unternehmen ist?

Zunächst ist es wichtig, ihn an den Dispoarbeitsplatz zu holen und ihm zu zeigen, dass seine Stopps und Fahrtrouten aktuell in der Dispo sichtbar sind. Standzeiten bei Kunden und für Pausen sowie Fahrzeiten werden aufgezeichnet und dienen u.a. dazu, daraus die Kosten des Transports zu ermitteln und die Touren zu optimieren.

Der Fahrer erhält einen RFID-Chip zum Anmelden morgens und damit ist klar, dass Arbeitszeit und auch die Hofzeit digital erfasst werden.

Gute Fahrer haben auch gar nichts gegen das Sichtbarwerden der Fahrtstrecke, denn dadurch wird nicht mehr telefonisch nachgefragt, wo sie so lange bleiben. Vielmehr sieht der Disponent, dass z.B. der Lkw im Stau steht.

Das Tablet: Der Einsatz des Tablets konfrontiert den Fahrer mit einer Bedieneroberfläche, einem Computer im Fahrzeug. Ein 55-jährige Fahrer sagte neulich: „Nicht mein Ding, ich fahre seit 30 Jahren mit Papier". Anschließend piepte allerdings sein Smartphone und er hatte eine WhatsApp-Nachricht von seiner Tochter erhalten. Es existiert eine Vielfalt derartiger Ausreden. Deshalb ist es wichtig, den Fahrer über Video-

Lernprogramme und individuelle Schulungen anzuleiten, wie das digitale Auftragsmanagement auf dem Tablet zu bedienen ist. Ein besonders gut geschulter Fahrer kann auch als Trainer für seine Kollegen fungieren.

Die Papierflut reduziert sich für ihn durch elektronische Lieferscheine und vieles mehr. Und von großer Bedeutung: Der Chef sieht nun seine Leistung und kann diese dann auch entsprechend honorieren, ähnlich wie das in der Produktion schon seit Jahren der Fall ist.

All das gilt es im Vorfeld der Einführung von Telematik zu kommunizieren.

Informationen an den Disponenten

Der Disponent: Er kennt die Kunden, steht unter Dauerstress und sieht zu, dass die Fahrzeuge auf die Straße kommen. Sein oberstes Ziel lautet, der Kunde muss - egal wie - rechtzeitig bedient werden und wenn der Telefonverkauf vergessen hat, den Kunden wegen der Bestellung anzurufen und dann eine Nachlieferung fällig wird, egal, Hauptsache der Kunde ist zufrieden. Neue Telematik-Lösungen zeigen dem Disponenten auf elektronischen Karten die Standorte der Kunden und planen Touren auf Knopfdruck. Dies wirft Fragen nach möglichen Bedrohungen von Arbeitsplätzen in der Dispo auf und auch zu Behauptungen, der Computer mache nur „Blödsinn".

Auch in diesem Zusammenhang ergibt sich die Herausforderung, richtig zu kommunizieren und zu verdeutlichen, dass der Computer eine Unterstützung darstellt, indem er die vordefinierten Rahmentouren zeigt sowie

Abbildung 19 Stopps mit geplanter Wegstrecke

welche Kunden bisher nicht bestellt haben, aber aufgrund der Lieferfrequenz eigentlich keine Ware mehr haben dürften und angerufen werden sollten. Er erstellt eine Vorkalkulation und hilft zu erkennen, wie man den Transport durch bessere Auslastung kostengünstiger abwickeln könnte.

Der Disponent profitiert dadurch von einem viel ruhigeren Arbeitsplatz. Er erkennt durch den ETA-Monitor (ETA =Estimated Time of Arrival = Erwartete

Ankunftszeit) Störungen auf der Tour. Sowohl auf der Karte als auch in Listenform erhält er eine Alarmmeldung, wenn ein geplantes Zeitfenster zum Kunden nicht eingehalten wird. Dies ermöglicht es ihm, vorab zu agieren, und es erspart ihm mehrere Anrufe mit der stets gleichbleibenden Frage nach der Ankunftszeit der Ware.

Er muss auch nicht mehr ins Fahrzeug telefonieren und sich darüber ärgern, dass der LKW gerade wohl im Funkloch ist oder der Fahrer nicht ans Telefon geht, so dass er nicht erfährt, wo sich das Fahrzeug gerade befindet. Auch Arbeitszeitabrechnungen und Fahrtberichte stehen ihm durch die Digitalisierung des Fuhrparks online zur Verfügung. Mehr Ruhe in der Dispo und Konzentration auf eine optimierte Planung sind damit möglich.

Durch mehr Informationen wächst die Position des Disponenten zu einem Fuhrparkleiter, zu einem Steuermann, der aufgrund von Daten viel besser entscheiden kann als bisher. Optimierte Touren kann er in einem DispoBoard individuell anpassen und mit seinem Wissen anreichern. Der Arbeitsplatz ist also nicht bedroht, sondern erhält vielmehr einen deutlich höheren Wert für das Unternehmen, da genau an dieser Stelle die Effizienz des Fuhrparks im Vorfeld der Tour gesteigert wird.

Informationen an den Controller

Der Controller: Das ist ein großer Begriff und in vielen Betrieben gibt es gar keinen Controller, aber den Buchhalter, der sich mit den Abrechnungsdaten auskennt. Controlling meint das Erkennen von Abweichungen zu Sollwerten und das Gegensteuern, die Hand heben und den Verantwortlichen Hilfestellung geben, etwas besser zu machen. Der Controller muss also anhand von Score Cards und Ampelfarben Maßnahmen zur Steuerung in Gang setzen und moderieren.

Abbildung 20 Berücksichtigung spezieller Abladebedingungen bei Bewertung des Kunden

Der Controller bzw. der Buchhalter muss also wie Fahrer und Disponent gleich zu Beginn des Telematik-Projektes einbezogen werden, denn er ist eine Schlüsselfigur, die durch die wertvollen Telematik-Daten Impulse zu effizienterem Handeln liefert.

Informationen an den Geschäftsführer

Der Geschäftsführer: Er gibt Startschuss für das Telematik-Projekt und verspricht sich Effizienzsteigerungen. Dies erfolgt durch Fahrzeugortung nicht automatisch. Wichtig ist, dass die Geschäftsleitung von Anfang an systematisch die einzelnen Arbeitsschritte bestimmt und dabei die Ziele und Zielwerte bewusst vor Augen hat. Vor dem Start des Telematik-Projektes müssen deshalb die Ist-Kosten pro Tonne, Sack oder anderer Transporteinheit - wenn möglich pro LKW oder Tourruntergebrochen werden. Die Basisdaten hierzu liefert die Fahrerkarte aus dem Tachographen und eine Kosten- und Mengenanalyse von Vergangenheitsdaten. Anschließend erfolgt der monatliche Vergleich zu dem entsprechenden Ist und damit auch die Erkenntnis, an welchen Stellen sich etwas verbessert hat.

Wichtig ist, dass sich die Geschäftsleitung mit den wesentlichen logistischen Kennziffern beschäftigt und weiß, wie sich diese ermitteln und welchen Aussagegehalt sie haben. Zum Beispiel: Welchen Einfluss haben die Fixkosten, die Leerkosten, wenn der LKW einen Tag unbeschäftigt auf dem Hof steht? Wie wird die Produktivität gemessen, etc.?

Abbildung 21 Graphische Auswertungen mit Score Cards

Den Fuhrpark in der Tasche: Auf dem Smartphone oder Tablet des Geschäftsführers sollte er mit wenigen Klicks sehen können, bei welchen Kennzahlen in der vergangenen Woche etwas aus dem Ruder lief – aber auch, wo Verbesserungen erzielt wurden, die es zu kommunizieren gilt.

Wichtig: Handeln. Es muss klar geregelt werden, wer was bei welcher Zielabweichung zu hinterfragen oder neu zu regeln hat bzw. wie die Zielabweichung dokumentiert ist. Der Fahrer hat dazu auf dem Tablet heute alle Möglichkeiten.

Wenn der Lkw den Hof verlässt, ist dieses Ereignis ohne Telematikeinsatz wie eine Black Box. Es herrscht Unklarheit über Ankunftszeiten: Unklar ist, ob die Kunden der richtigen Tour und dem richtigen Wochentag zugeordnet sind. Liegen die Lieferkosten für den Kunden im vereinbarten und vorher kalkulierten Rahmen?

30 Kilometer Umweg oder eine halbe Stunde zusätzliche Standzeit haben in einer realistischen Beispielrechnung in Bezug auf die Kosten pro Tonne 12,5 % Einfluss.

Abbildung 22 Beispielrechnung Ersparniseffekte

Aber wie kann man Transparenz in diese Black Box bringen? Das ist gar nicht so schwer. Man muss sich nur ein paar Stunden Zeit nehmen, die Kosten ermitteln, die Aufträge an die Tourenoptimierung übergeben, Telematiksysteme installieren und mit den Messungen beginnen, um danach mehr zu wissen, als nur aus dem Bauch heraus zu entscheiden.

Viele dieser Komponenten werden bei Mautfahrzeugen zu 80% gefördert. Nicht zu vergessen, dass es im Unternehmen einen Verantwortlichen für Projekte und Dienstleistungen geben muss, der alle Komponenten der Telematik abdeckt.

Alles in allem liegen die Kosten zur Erreichung der Effizienzziele in der Regel zwischen 1 % und 2 % der jährlichen Fuhrparkkosten inkl. Fahrerkosten.

Um auf Nummer sicher zu gehen, sollte vor dem Einsatz von Telematik immer ein Proof of Concept durchgeführt werden. Dabei werden die Tachodaten nach Schichten, Kilometern, Standzeiten und Lenkzeiten ausgewertet und die Aufträge der Lkw mit der im Ist-Zustand durchgeführten Reihenfolge der Auslieferungen verglichen. Die Tourenoptimierung dieser Aufträge führt dann für die Vergangenheitsdaten zu Erkenntnissen, wie viele Kilometer durch die Digitalisierung der Flotte und den Einsatz von Optimierungsalgorithmen hätten eingespart werden können. Sie werden überrascht sein: Effizienzsteigerungen durch die in diesem Buch beschriebenen Optimierungs- und Digitalisierungsaspekte sind je nach Organisationsgrad zwischen 10 % und 20 % möglich.

Dr. Jürgen Stausberg ist Autor und geschäftsführender Gesellschafter der SATLOG GmbH.

Er und sein Team haben Projekte durchgeführt in den Branchen: Bäckerei, Baulogistik, Brauerei, Fahrzeugtransport, Frischdienst, Getränkefachgroßhandel, Sanitärgroßhandel, Lebensmittelgroßhandel, Mineralölhandel, Molkerei, Mühle, Presse, Recycling, Spedition, Textilservice und verfügt somit über ein sehr breites Branchenwissen.

Er ist Experte für Effizienzsteigerung im Fuhrpark von Handels- und Industrieunternehmen. Der Schwerpunkt liegt dabei auf der Kosten- und Leistungsmessung mithilfe von Telematik und Cloud Services.

SATLOG wurde im Jahr 2000 gegründet, um die Logistikprozesse von Unternehmen mit eigenem Fuhrpark durch Satellitenpositionen (GPS-Daten) zu optimieren.

Dr. Stausberg hat sich dem AutoControlling verschrieben, um den Endanwender in die Lage zu versetzen, die Steuerung und Effizienzsteigerung seines Fuhrparks anhand von Logistikkennzahlen automatisiert selbst durchzuführen.

Buchautor:

Das Problem der Realisierung leistungsgerechten Verhaltens des Fahrpersonals im werkseigenen Fuhrpark:
ISBN: 3831130299

Fuhrparkcontrolling mit Telematik: GPS - GPRS - Fahrzeugortung - Kundenergebnisrechnung - Logistikkennzahlen (Ein Weg zur Kostensenkung im Fuhrpark) ISBN:
9783837018646

Abbildung 23 Dr. Jürgen Stausberg

LITERATURVERZEICHNIS

Benston, Gorge J. 1972. *The role oft he Firm's Accounting System for Motivation, in: Anton, Hector R. und Firmin, Peter A. Contemporary Issues in Cost Accounting, A Discipline in Transition, 2nd Edition.* New York, Atlanta, Geneva,Dallas, Paolo Alto : Anton, Hector R. und Firmin, Peter A. Contemporary Issues in Cost Accounting, A Discipline in Transition, 2nd Edition.

Drucker, Peter F. 1954. https://www.wirtschaftszitate.de/autor/drucker-peter-f/.

Latham, Gary P. Baldes J. james. 1975. *The Practical Significance of Locke's Theaory of Goal Setting in: Journal of Applied Psychlogy.* Journal of Applied Psychlogy Vol.60.

Lattmann, Charles. 1977. *Führung durch Zielsetzung.* Bern.

Schäfer, Dieter. 2024. *Max Achtzig 40 Tonnen Verantwortung !* Mannheim: Verlag Waldkirch KG .

Stausberg, Jürgen. 2001. *Das Problem der Realisierung leistungsbezogenen Verhalts des Fahrpersonals im werkseigenen Fuhrpark.* Weinheim: Books on Demand GmbH.

Stausberg, Jürgen, und Dieter Schäfer. 2023. *SATLOG academy podcast Hellwach mit 80km/h.* https://satlog.podbean.com/: SATLOG academy podcast.

Thomson, William. 1891. *Wikipedia.* https://de.wikipedia.org/wiki/William_Thomso n,_1._Baron_Kelvin.

Trolle Lagerros, Ylva. 2009. *Physical activity—the more we measure, the more we know how to measure.* European Journal of Epidemiology | Ausgabe 3.

Wikipedia. kein Datum. *Digitalisierung.* https://de.wikipedia.org/wiki/Digitalisierung.

—. kein Datum. *Flotten-Management-Schnittstelle.* https://de.wikipedia.org/wiki/Flotten-Management-Schnittstelle.

—. kein Datum. *Sensor.* https://de.wikipedia.org/wiki/Sensor.

—. kein Datum. *Telematik.* https://de.wikipedia.org/wiki/Telematik.

—. kein Datum. *Tourenplanung.* https://de.wikipedia.org/wiki/Tourenplanung.

ABBILDUNGSVERZEICHNIS